Germán Dehesa Violante (México, DF, 1944). Se graduó en letras hispánicas en la UNAM. Profesor universitario, actor y dramaturgo, promotor cultural, periodista y escritor, son algunas de las intensas actividades de este notable personaje público. Como periodista ha colaborado en los principales diarios y revistas del país: *Novedades*, *El Financiero*, *Reforma*, *El Norte* (Monterrey), *Mural* (Guadalajara), *Este País*, *Cambio*, y muchas otras publicaciones.

En la actualidad tiene un programa en Radio Red y ha participado en Radio IMER, Núcleo Radio Mil, Radio Fórmula, etcétera. Su más reciente participación en televisión fue en *El ángel de la noche* (Canal 40). Intervino en la película *Cilantro y perejil*. Ha publicado *La vida y sus dibujos* (en colaboración con el artista plástico Juan Sebastián), *Fallaste corazón*, *La música de los años* y un homenaje a Jaime Sabines titulado *Hablan los amorosos*. Desde hace varios años tiene un exitoso espectáculo poético musical semanal en "La planta de luz".

Los PRIsidentes

GERMÁN DEHESA

Los PRIsidentes

Planeta

Diseño de portada: Jorge Evia
Ilustraciones de portada: Fernando Llera

© 2002, Germán Dehesa
Derechos Reservados
© 2002, Editorial Planeta Mexicana, S.A. de C.V.
Avenida Insurgentes Sur núm. 1898, piso 11
Colonia Florida, 01030 México, D.F.

Primera edición: agosto del 2002
Primera reimpresión: octubre del 2002
Segunda reimpresión: noviembre del 2002
ISBN: 970-690-629-0

Ninguna parte de esta publicación, incluido el diseño de la cubierta,
puede ser reproducida, almacenada o transmitida en manera alguna
ni por ningún medio, sin permiso previo del editor.

Impreso en los talleres de Editores, Impresores Fernández, S.A. de C.V.
Calle Retorno 7 de Sur 20 núm. 23, colonia Agrícola Oriental, México, D. F.

Impreso y hecho en México - *Printed and made in Mexico*

www.editorialplaneta.com.mx

Los prisidentes

Yo me moría de la envidia. Hace cincuenta años, Los Pinos era una distante e imponente mansión. Ahí vive el Presidente, me decía mi padre que no podía evitar darle a sus palabras tono reverencial. Ahí vive, aunque trabaja en Palacio Nacional, aquí vive. Y yo me moría de la envidia. No era el poder, la sacralidad, la presencia permanente en los periódicos, los noticieros de cine, la conversación de las señoras, lo que yo envidiaba. Tampoco era la inmensidad de la residencia. Nosotros siempre habíamos vivido en casas pequeñísimas y las mansiones me producían vértigo. Lo que yo envidiaba era el frontón perfectamente enrejado y pintado de verde. Yo me imaginaba (jamás pude comprobarlo) a los presidentes vestidos de blanco, con su raqueta Wilson *top notch* haciendo pareja con el Secretario de Gobernación y jugando contra Ortiz Mena y Fidel Velázquez que siempre se dejaban ganar porque no era correcto que el cachorro de la Revolución, el gran timonel, el hombre fuerte, el iluminado guía, perdiera un partido contra dos inferiores en saber y gobierno. Eso imaginaba yo. Me figuraba también que el frontón estaba pletórico de tenientes y coroneles que recogían las pelotas y aplaudían todas las jugadas de su jefe nato.

Quizá por imaginarme todo eso y por jugar yo en un frontón miserable y sin rejas (las pelotas había que irlas a buscar al Ajusco), me empezaron a caer gordísimos los presidentes. Después, la vida me fue dando mejores razones para apuntalar mi rechazo por ese brutal poder personal que sexenalmente reencarnaba en El Señor Presidente. De López Mateos en adelante, cada vez más frívolos, más disfuncionales, más represivos, más ladrones, más cursis, más alucinados y más mamones.

En la actualidad, ya no juego frontenis y todo indica que ya terminó la era de los presidentes faraones. Ojalá y así sea.

Eran una vergüenza para todos. En estos renglones recojo lo que fui opinando de ellos al tratarlos de cerca y de lejos. Las fechas dan constancia de que no me esperé a que terminaran su sexenio para mentarles la madre. Hoy les dedico este libro. A la distancia, lo solemne se va mostrando ridículo, tragicómico, conmovedor.

Germán Dehesa
Atenas, julio de 2002

El conocido

¿Era tu amigo? No. Ahora todos resultan amigos de Colosio. El candidato que finalmente nomine el PRI (asunto que es bronca de ellos y no, como quieren hacernos creer, bronca nacional) les puedo asegurar desde ahora que será un colosista de hueso (y cara dura) colorado. Yo lo habré visto dos o tres veces en mi vida y puedo decir que conservo la imagen de un hombre gentil, abierto, de sonrisa fácil y de oído atento. No me queda de él esa aceitosa, huidiza, ambigua impresión que me deja la mayoría de los políticos; pero, insisto, no era mi amigo. Comienza a serlo. Nuestra última conversación fue telefónica. Él había hecho una reservación para ir a mi lugar. Hacia mediodía me llamó personalmente para explicarme que, si bien no podría asistir, tenía (creo que cito textualmente) mucho interés en que lo oyera y en oírme. Esto último lo agradecí como una gentileza y lo leí como el gesto del político bien temperado y con una idea noble de su oficio. Algo sucedió y ahora ya no podemos oírlo; ya no puede oírnos. Mal asunto. Es domingo en la tarde. La ciudad se va quedando vacía. ¿A dónde iremos que no nos acompañe el duelo? El estadio Jalisco, pletórico para ver Atlas-Chivas. La Plaza México hasta la bandera pues se discierne la oreja de oro. Luis Donaldo, me dicen, iba a asistir a esa corrida. Domingo de ramos. Mis hijos ya estarán en Cuernavaca tiradotes como iguanas (miserables); la Hillary, aunque ya le quité lo sub, no acaba de consolarse. Comienza la semana mayor y todos los mexicanos (los buenos; los otros no me interesan, aunque me alarman) tratamos de cumplir con decoro los rituales de la vida. Es nuestra manera de ayudar a que amanezca, diría Rosario Castellanos. ¡Tengo un calooor!, y ¡tengo unas ganas de que Carlos Salinas se eche para adelante, vuelva a ser presidente y con toda energía y sin sangre de por medio, ponga a cada quien en su lugar! Si de eso se trata, don Carlos, cuente conmigo y que conste que yo no era amigo de Colosio. Éramos conocidos.

Diana Laura:
No la conozco personalmente, pero estuve observándola todo el tiempo por la televisión: delgada, delgadísima, ligera, frágil, ¡qué fortaleza tiene esta mujer, qué entereza, qué dignidad! En ningún momento hubo un desliz, un declive, un desmayo. Se mantuvo enhiesta, firme, concentrada, soportando las llamas que la rodeaban, el incendio que atravesó durante tantas horas. Desde su estancia en el pasillo del hospital, junto al quirófano, hasta las palabras finales junto al entierro, conteniendo las lágrimas, todo fue un gesto magnífico de amor como nunca había visto.

Luis Donaldo: tenías sobradas razones para amarla.

JAIME SABINES
25 de marzo de 1994

Marzo 27, 1994

ERNESTO DEDILLO

¿No que estaban de mucho duelo? ¿No que iban a respetar los días santos? ¿O el martes todavía no lo consideran santo? Una vez más se impuso la añeja tradición madrugadora y descontonera del sistema. Como decía mi tía la Pimpis: no son modos. Siquiera hubieran hecho una convencioncita en Aguascalientes o en Puruándiro; pero nada. Y que conste que el pleito no es con Ernesto Zedillo. Prácticamente no lo conozco (se preguntará el cuaresmeño lector: bueno y este wei ¿a quién conoce además de su tía la Pimpis?) Espérenme. Dejen que les explique. Yo a Ernesto Zedillo lo he visto una sola vez en mi vida. Me invitó a desayunar y platicamos alrededor de unas dos horas. Esto debe de haber sido ocho o nueve meses A. Ch. (antes de Chiapas). Comedorcito privado, sobrio, austero; similar a mi anfitrión. Recuerdo que platicamos del Politécnico, de los malhadados libros de texto, de las mil y una broncas educativas de México, de chácharas familiares y de nuestra compartida convicción de que a México le urge un modelo educativo actualizado y eficiente. A Zedillo lo encontré inteligente, austero, más dado a la sonrisa que a la risa abierta, tenso, mirada fuerte y quizá alguna pincelada melancólica en los ojos de rayos X. Gentil sin demasías, ausente de folclorismos seductores, me dejó la impresión de que era más un hombre de gabinete que de espacios abiertos. Un buen secretario de Programación; un servidor confiable y eficiente. Eso pensé. Recuerdo un detalle folclórico: yo, sabiendo que iba a ver a un secretario de estado, me coloqué corbata y todo; él (esto es elaboración mía) sabiendo que iba a ver al rey del descuacharrangue me recibió de suéter abierto y sin corbata. Con tan hábiles maniobras, los dos quedamos levemente descolocados. De cualquier modo, me fui con la buena impresión de un servidor público dispuesto a oír. Después vino lo que vino. Jamás entendí por qué era él, precisamente él, el jefe de campaña de Colosio. En Unicornio bromeábamos diciendo que había mandado comprar de inmediato un mapa de México para ver por dónde agarraban. Eran los tiempos en que se podía bromear (creo que ya no voy a estrenar Chiapadeus; creo que mejor se va a llamar Zedilleus). Después Tijuana y después esto. Insisto: mi malestar no es contra una persona, sino contra un método. Mi ilusionada apuesta era que el de Colosio había sido el último dedazo. Falso: ya hubo otro con toda su parafernalia de búfalos viles, adhesiones instantáneas, radio y televisión encadenadas (nunca mejor usada la expresión) y abyecciones de todos los sabores. Sólo falta que don Fidel vuelva a decir: "Me leyeron el pensamiento" (como si lo inexistente fuera legible). En fin, el PRI ya tiene nuevo candidato. Ojalá y que le vaya bonito. "Será un gran rival", declaró RAT (¿Oshkae?). No lo niego: me entristece; me entristece mucho la resurrección del dedo. Los dedos no son buenos; hacen daño, me dan pena. Ojalá y haya sido un dedo mexicano y no francés. En fin: mi más sentido pésame para los buenos priístas (que los hay). Cuídese, don Ernesto. Nos vemos el 21 de agosto.

Marzo 29, 1994

Por mi raza...

...hablarán los porros. Yo soy universitario. La UNAM, mal que le pese a unos cuantos directores muy menores de filosofía y letras, la UNAM es mi casa. Alumno de dos carreras, maestro y perpetuo enamorado. Todo lo bueno que me ha sucedido en la vida pasa por la UNAM. Por justicia digamos que también casi todo lo terrible —68 incluido— ha pasado por ahí. Todas mis novias formales han sido universitarias (las informales fueron autodidactas). La Hillary es puma por contigüidad, por contagio y por amor. Ya sé que Zaid dice, y con razón, que México no se agota en la UNAM. Claro que no. Pero hoy (y espero que por mucho tiempo) México pasa por la UNAM. Zedillo también pasó. Creo que pasó de panzazo. Como antecedente tenemos a un Zedillo, secretario de Educación pública, haciendo declaraciones bastante ingratas, ambiguas y poco favorables para la Universidad de México. Al paso de los meses, Zedillo ya es candidato por el PRI (o por lo que quede de él). Zedillo decide aceptar una invitación (?) a la UNAM. A partir de aquí, y reconociendo la entereza de don Ernesto, todo se hace mal. El candidato del PRI se presenta de modo más o menos furtivo (mis fuentes son *La Jornada*, *El Financiero*, *Reforma*, mi hijo que es universitario y Multivisión. Si me atengo a lo que dijo Televisa, tendría que pensar que fue algo tan festivo y triunfal como Julio César a su regreso de Las Galias). Las cosas comienzan más o menos bien (¡Goooya!), siguen regular, prosiguen mal y acaban a pedradas y botellazos entre la guardia pretoriana (insospechable de estudios superiores) y algunos jóvenes que se dicen universitarios, que se dicen ceuistas, que se dicen perredistas y que no pasan de ser lo que en España llaman gamberros, en Inglaterra, *hooligan* y en México: porros miserables. Eso no es la UNAM. Mal por los "cerebros" que dirigen la campaña de Zedillo ("¡Fue un actazo!", declararon Mario Luis Fuentes y Liébano Sáenz que hablan como Hugo, Paco y Luis); mal por los "estudiantes" que todavía no entienden lo que es ser universitario y bien por Zedillo que le entró al toro por más que (y este es el problema de toda su campaña) no pide que lo dejen solo, se abstiene un rato de sonreír como vampiro y se planta en el centro del ruedo. En medio de tanta sinrazón, el rector Sarukhán ha hecho una oferta que le debe tener acalambradísimos a los otros candidatos que vayan a la UNAM: "igualdad de trato". O sea que Diego, por ejemplo, tendrá que sacar su vieja aunque conservadísima armadura de Cristóbal de Olid y presentarse en la facultad de leyes enteramente resignado a que "la muchachada" y "el viejerío" se lo tupan como en la batalla de Cholula. Fain. Verifain.

Mayo 25, 1994

¿CON QUIÉN HABLO?

Así dice uno, porque uno es decente. Del otro lado de la línea una voz neutra y agazapada pregunta: ¿con quién quería usted hablar? Así comienza a enhebrarse esa manía perversa que tienen los mexicanos resabiados de, a toda pregunta, responder con otra pregunta, y así se puede llegar hasta el matrimonio y las bodas de oro y honras fúnebres (no mandar flores) sin que nadie haya soltado prenda. Al parecer, no hemos sido informados de que las palabras pueden servir para decir la verdad (entiendo por verdad lo que uno opina, considera, aprecia con buena fe y en uso de razón). En retórica clásica, lo que acaban de leer recibe el nombre de exordio (dícese del hombre que, habiendo perdido el útil sentido del oído, lo recupera por acción milagrosa o terapéutica o micha y micha). Pasemos ahora a lo que pretendo sea el tema central de mi reflexión. Se trata de responder lo más decentito que se pueda a la pregunta con la que ya me traen agorzomado (cartas, telefonemas, telegramas, persona a persona, paloma mensajera y fax) mis caros lectores: bueno, y Germán Dehesa, ¿qué ideología política tiene? Voy a poner punto y aparte por aquello de la tensión dramática.

Conste que voy a contestar nada más porque me caen muy bien. Como decía mi tía la gorda: una no tiene ninguna mula necesidad. Ganas no me faltan de decirles qué les importa pero me refreno y entiendo que el lector tiene todo el derecho a saber con quién habla. ¿Ya tienen con qué apuntar? Ahí les voy: hablan con un hombre heterosexual (no es alarde, es información) de 50 años, no feo (ay, sí), hijo de un comunista y de una mujer submocha pero con mucho sentido del humor. Con los maristas aprendí una versión rarísima de la historia de México y una idea del mundo que algo tenía de poética, algo de sabia y algo de mafufa. Luego comencé a desaprender todo eso (aunque algo queda siempre) en los libros, en la UNAM y en el roce diario con la esquizofrénica realidad mexicana. De Miguel Alemán a Carlos Salinas pasando (¡omaigod!) por Gustavo Díaz Ordaz, he ido conociendo los horrores del autoritarismo, pero también los horrores de un pueblo que se deja mangonear. Algunos porque no pueden defenderse y otros (el caso de muchos de nosotros) porque no queremos, o no nos conviene, defendernos. Jamás he pertenecido a partido alguno y a ningún partido le ha interesado mayormente que yo pertenezca (tampoco es cosa de adornarse). Supongo que vengo siendo (de los 30 para acá) liberal en el sentido que tuvo esta palabra en el México del XIX. Creo en la tolerancia, en el esfuerzo individual que confluye con el esfuerzo de otros y genera lo único durable: el esfuerzo colectivo. Creo en la democracia no como la solución automática de nada sino como el indispensable escenario de la civilización. En el único dinero en el que creo es en el que proviene del trabajo y creo también que el dinero es el colesterol del espíritu: en su ausencia, no hay ánimo; pero si se acumula demasiado, viene el colapso (imagen cardiovascular). Creo en la saludable y tajante separación de iglesia y estado. No practico ninguna religión, aunque no hay día que no me visite el misterio. Siempre he votado y he votado libremente. En 1988 voté por Cuauhtémoc Cárdenas y estoy convencido de que hubo fraude. No estoy seguro de que Cárdenas haya ganado, pero hubo fraude. En 1994, os lo juro, no sé por quién voy a votar. Si lo supiera, no lo diría. Yo no soy encaminador de almas. El 20 de agosto espero saberlo y el 22 les platico. ¿Sale? Por lo pronto hay que trabajar, no se hagan. Luego le seguimos.

Julio 25, 1994

Corriendo...

...y llegando tarde. Reunión en *Reforma*. El dueto "Los Broncos" (Alejandro Junco y Ramón Alberto Garza) convocaron a una reunión del cuerpazo editorial del periódico. Ya estamos en las contracciones pre-electorales. *Reforma* se ha echado un pesado y difícil compromiso a cuestas: fungir como caja de resonancia no tan sólo de las infracciones e irregularidades que la ciudadanía observe a lo largo del proceso electoral; sino también quiere formular los aspectos positivos (abundantísimos aijoup) que se presenten este domingo 21. La reunión se anima cuando nos planteamos la muy pertinente cuestión de que no basta con que el periódico se presente como ventanilla de quejas. No basta tampoco con que esas quejas sean publicadas. Nuestro verdadero compromiso con la ciudadanía consiste en que esas quejas sean denunciadas oportunamente y, en su caso, corregidas, o castigadas. Discutimos esto, nos pasan unas hojitas con un cuestionario acerca de lo que encontramos de positivo y de negativo en cada uno de los tres partidos principales de esta contienda. Metafísiko kamote. A los cincuenta años es muy difícil realizar al mismo tiempo las siguientes tareas: responder el cuestionario (que es como examen de admisión de la UNAM), beber café regiomontano, saludar a Paco Calderón que llegó tarde, opinar acerca de la mejor manera de servir al electorado, rascarme un lunar que me acaban de quemar en la mitad del cráneo, escuchar a Lorenzo Meyer y a Enrique Krauze planteándonos los retos que todavía tiene que superar *Reforma* y sentir el frío puñal de la angustia por no haber escrito mi artículo. Llegado a este punto, hago lo que todo mexicano bien nacido: huyo a gran velocidad.

Tres ases y una dama

La baraja electoral con la que jugaremos el próximo domingo (y no es poco lo que se juega) tiene tres ases, una dama y bola de cartas inútiles. Si te parece, lector que te dispones a participar en la fiesta, vamos a revisar, estas barajas útiles.

As de espadas: Cuauhtémoc Cárdenas

El tenaz, el terco, el obstinado Cuauhtémoc Cárdenas. El satanizado, el ninguneado, el favorito de Televisa para ser el hombre invisible. Probablemente ganó las elecciones de 1988. Nunca lo sabremos. Las boletas ya son ceniza; la memoria, no. En 1994 se autoinmoló en el debate. De ahí resurgió para tener un repunte asombroso. Lo apoyan varios de los mejores hombres y mujeres de este país y los miles y miles de parias fabricados por sesenta y cinco años de PRI-gobierno. Con todo, su triunfo se ve difícil. Todavía se ve más difícil que tal triunfo obtenga pleno reconocimiento. Su gran debilidad es su propio partido. En el PRD hay magníficas individualidades; pero su organización, su disciplina y su democracia interior reviven para mal lo peor de nuestra peor izquierda. Admiro y respeto a Cuauhtémoc Cárdenas.

As de tréboles: Diego F. de Cevallos

Pertenece al partido de Gómez Morín, de Christlieb, de Maquío, de Luis H. Alvarez. Respetabilísimos luchadores por la democracia en México. El PAN es lo más cercano que tenemos en México a un partido realmente moderno. Diego, se suponía, iba a ser un candidato de transición. De pronto, vino el debate y Diego se convirtió en un posible ganador. ¿Qué ha pasado con ese capital político? ¿Por qué muchos lo perciben como disminuido? El domingo averiguaremos la verdad. Diego es criollo; tiene un cierto tufillo provinciano tirando a Pedro Páramo; es un hombre decente y patriota. Si Cuauhtémoc tiene a su lado a Porfirio, Diego tiene a Castillo Peraza. En este renglón, me parece que gana Diego. ¿Logrará el PAN romper sus moldes ideológicos y rebasar esa franja de clase media urbana que es su clientela natural? No se pierdan nuestro próximo capítulo. Admiro y respeto a Diego Fernández de Cevallos.

As de corazones: Ernesto Zedillo

A la campaña llegó tarde y en tristes condiciones. A la presidencia quizá llegaría temprano y en condiciones realmente graves. Si Diego tiene todo un partido a su favor, Zedillo tiene su argumento más adverso en su propio partido; en la cantidad de complicidades, corrupciones, omisiones, autoritarismos y daños de todo tipo imputables al PRI. De ganar, ¿qué haría Zedillo con los dinosaurios y los bebesaurios? ¿Qué haría con tanto compadre, con tanto socio, con tanto parásito listo a pasar la factura de refrescos, cachuchas, comerciales y acarreos? Economista de primer nivel, hombre firme, amistoso y bien intencionado, ¿podrá Zedillo con una inercia negativa tan brutal? Pronto lo sabremos. Respeto y admiro a Ernesto Zedillo.

La dama: Cecilia Soto

De espadas, de corazones y de diamantes. Es brava, es lúcida, es inteligente, ha hecho planteamientos certerísimos y todavía no encuentra una réplica a su altura. Cada vez que la he visto, la he encontrado mejor: más política y más humana. Respeto y admiro a Cecilia Soto. No es por asociación, pero hoy toca. El domigo votan; pero hoy toca.

Agosto 18, 1994

Sol redondo y colorado

Domingo 21, 11 de la mañana. Abrupto despertar. En la ventana, un sol magnífico y electoral. Yo nunca había experimentado una cruda de dayetcouc. Es jórriboul. Todavía no despejaba yo la chinguiña y ya me habían hablado todas las fuerzas vivas de la ciudad para darme línea electoral. Regaderazo intenso. En la regadera seguía yo en la angustia cósmica: ¿por quién voto? Al rasurarme con más cuidado que el padrón, la duda subsistía.

¿Por quién votar?

Creo que no era yo el único que no estaba muy seguro. En una agencia de publicidad, una señora que se encarga de la limpieza le decía a una amiga mía: "No sé por quién votar; si por el PRI o por el América". O sea que había algunos que estaban peor que yo. Con dudas, o sin dudas, me presenté en mi casilla. A diferencia de Carpizo, yo no tuve que esperar más de una hora "bajo un sol implacable" para poder ejercer mi voto y mostrar mi dedo con la sospechosísima tinta indeleble que, en el corto plazo —estoy seguro— va a provocar la caída del dedo y de otras partes aún más esenciales para el ejercicio de la virilidad. En cuanto salí de la casilla, organicé mi escuadrón de observación formado por el cabo Pirinolo, la subteniente Viruta (mi hija que, como no escarmienta, quiere ser periodista), el fotógrafo Richiboy y acá su servilleta de lino importado y, en perfecta formación, nos lanzamos a peinar (de raya en medio) la ciudad.

Diurna urna taciturna

Serra Puche se presentó a votar con una pierna (la izquierda ofolegs) enyesada. "Fue un tropezón que tuvo el primero de enero", comentó un malora que hacía fila detrás de él. Las calles en calma. A las dos de la tarde, un gran número de casillas ya habían rebasado el 60 por ciento de su padrón. En el Zócalo, la bandera ondeaba galana y guapa. Los concheros zapateaban como con ganas de extraer una pirámide. En la casilla especial, un buen número de mexicanos mentaba madres por no poder votar. "Es que primero dejaron pasar a los policías y luego nos salieron con que ya no había boletas". ¡Ojo!, no saquemos las cosas de su justa dimensión. Estamos hablando de 150 mil votos en el caso más extremo. Consideremos además que fue el PRD el que insistió en esta medida de asignar sólo 300 boletas a las casillas especiales. Nadie —ni tú, ni yo— podía prever tan desmedido entusiasmo electoral. Yo lo vi, lo toqué, lo comprobé: en San Angel, en Coyoacán, en Tlalpan, en el Pedregal, en el Centro, en Xochimilco. Yo no quería que me contaran; yo quería verlo. Yo quería platicar con ustedes de lo que me constara. Lo que me consta es la pasión, la vehemencia y la consecuente derrota de uno de nuestros peores enemigos: la indiferencia y el abstencionismo. Estuve aquí y allá. Mi hija y yo atestiguamos el alegre fervor de los que votaban y la rabia de los que no pudieron votar. El despertar de México.

Los maestros

Estuve también en las calles de Venezuela visitando el centro de cómputo que organizó el Sindicato nacional de trabajadores de la educación. Son unas instalaciones impresionantes. Un notario certificó que todo el sistema de conteo arrancara en ceros. La profesora Gordillo, el licenciado Fujiwara, el jefe de informática Alfredo Méndez me mostraron ese cosmos cibernético (computadoras, faxes, impresoras y —sobre todo— personas) preparado para recibir la información de casi 10 mil casillas escogidas al azar de las orillas hacia el centro de la república y conformar con ella un confiable conteo rápido. Elba Esther se veía gloriosa en medio de este bosque electrónico de donde habrá de surgir la verdad de México. Bien, muy bien. Diez para los maestros. De ahí me fui al IFE. Serían las cinco de la tarde. Muchos policías y muchos ciudadanos. Tres minibuses (¿por qué minibuses?) repletos de granaderos. Vislumbre del 68. Muchos ciudadanos se agolpaban contra la reja. Querían votar. Enarbolaban sus credenciales. Mi hija me tomaba del brazo con angustia. Décadas y décadas en las que a nadie le importaba votar y, de pronto, todos queríamos. Bueno, hasta los viejitos del asilo Mundet salieron credencial en mano y se echaron de a montón sobre las urnas. ¿Saben qué? Me encanta este mula pueblo que a la hora de la hora siempre es cumplidor. Parece que no, pero sí. ¡Sí!

Bueno, ¿y tú?

¿Yo? Sí, no te hagas uei, responde el estrujado lector. Dejen que les presente mi ruta crítica. Ernesto Zedillo es un hombre de primera. El PRI es un partido (?) de última. Mi prioridad era la derrota del PRI, de los dinosaurios, de los fraudes, las componendas, los moches, las mordidas, la ficción y el horror. ¿Cómo lograrlo? Según mi obsesivo análisis había dos caminos: el triunfo de Zedillo por un margen escaso que le daría espacio para deshacerse (güishful tinquin) de las cucarachas; o bien, el triunfo de la oposición. En cualquiera de los dos casos y ante el estadístico triunfalismo del PRI y ante mi conciencia, a mí lo que me tocaba era votar por la oposición. Yo podría haber votado tranquilamente por Zedillo, pero no puedo votar por tanto miserable que milita en su partido. Así quedé frente a la opción Diego o Cuauhtémoc. Varios de mis mejores amigos (algunos de ellos priístas y otros antipanistas) se decidieron por Diego como mal menor y como el camino más viable para la democracia. El PAN en este sentido ha tenido (o había tenido hasta este sexenio) una trayectoria impecable. Todavía ayer yo pensaba en votar por Diego. Mi hijo (Dehesa Christlieb) votó por primera vez (¡felicidades, ciudadano!) y votó por Diego. Yo no. Esta mañana pensé en Chiapas y pensé en ese capital político que Diego dilapidó después del debate. Pensé también en Cuauhtémoc contra todo y contra todos (aun contra su partido que ni partido es); pensé en los 40 millones de pobres de mi país, pensé en quién podía hablar por ellos, pensé en mi padre y en sus sueños; pensé en la decencia que tenemos que recuperar. Pensé, sentí y comprometí mi voto (un voto, sólo un voto, mi voto) con Cuauhtémoc Cárdenas. Voté por mi admiradísima María de los Ángeles para el Senado y voté por el PAN para diputados y representantes. Jamás quise influir en el voto de nadie y en este momento, en el que no conozco los resultados, me pongo a las órdenes del que resulte limpiamente ganador. De secretario de Educación para arriba, lo que se sirvan ofrecer. No es cierto. Jamás aceptaré cargos oficiales vengan de donde vengan. Yo estoy aquí, querido lector, a tus órdenes. Hayas votado por quien hayas votado, te respeto y te felicito. ¿Sabéis? ¡Os quiero! Mecai.

Agosto 21, 1994

¿Y?

¿Y la muerte de cientos de perredistas? ¿Y los sueños de Gómez Morín? ¿Y el 68? ¿Y el 71? ¿Y el cardenal Posadas? ¿Y Luis Donaldo Colosio? ¿Y las maromas de Prinocho Prigione? ¿Y los cuarenta millones de pobres? ¿Y los secuestros? ¿Y los narco-políticos? ¿Y los politinarcos? ¿Y la inseguridad que seguimos padeciendo todos? ¿Y Chiapas?... ¿Será que a este cómputo también le va a caer un virus y todo quedará borrado? Aijoupnot. Señores de la mayoría absoluta: ahí les encargo. Queremos respuestas. Doctor Zedillo: todos esperamos de usted la congruencia necesaria para no olvidar sus orígenes. Sus orígenes biográficos: la pobreza. Sus orígenes electorales: la pobreza. La respetable pobreza. Todos esperamos el cumplimiento del mandato. Todos esperamos que gobierne para todos, pero esperamos que su gestión posponga a la revista *Forbes* y comience por aquellos que necesitan el apoyo más urgente: los pobres. Por lo pronto, sólo nos queda la disposición de servir y de organizarnos mejor y el estupor que se cifra en un sola letra: ¿y?

Consecuencias preliminares

El arrasador triunfo del PRI ha tenido repercusiones mundiales e, incluso, personales. El domingo 21, cuando depositaba yo mi voto y soñaba con la alternancia, me dije con inaudible voz: Germán, si triunfa la oposición, y el PRI, en un milagro metaevangélico, se transforma en un auténtico partido, ya puedes morir tranquilo. Eso me dije. Luego, no sé si lo sepan, ganó el PRI e hizo polvo las ilusiones de Aguilar Talamantes (RAT) que ya daba por descontada su victoria. Esto, me perdonan si a alguien le molesta, me obliga a seguir vivo (y coleando) por otros seis años como mínimo. Terco sí soy. Me obliga igualmente a trabajar. Yo ya estaba prácticamente en la antesala de una secretaría con Cecilia Soto. Iba yo a ser el titular de la Semach (la secretaría del macho), una dependencia (patológica) que iba a ser creada exclusivamente para mí.

Ni modo. Una vez más me fueron negadas las dulzuras de la alta burocracia.

Agosto 25, 1994

Un tigre a las puertas

No me lo va usted a creer, dicen que le dijo Ofelia Guilmain a don Fernando Soler, el excelentísimo actor y puntual, severo y exigente director de teatro. Ofelia llegaba tarde al ensayo y se enfrentaba al rostro adusto, la ferocísima mirada de don Fernando. No me lo va usted a creer, don Fernando —dijo mi querida Ofelia con su voz firme y convincente— salí de mi casa con tiempo sobrado para llegar al ensayo, abrí la puerta y en ese momento lo vi. Ahí estaba agazapado y enorme: un tigre. ¡Un tigre! No un tigrillo, no un gato montés. ¡Un tigre! Vaya a usted a saber si se escapó del zoológico o de algún circo, eso yo no lo sé, pero ahí estaba el animalón. Cerré la puerta de inmediato y traté de recuperarme. ¿Qué hacer? Me puse a hablar por teléfono a todas las dependencias oficiales. Cuando yo hablo, me gusta que me escuchen. A las tantas, se presentaron varios expertos que, finalmente, lograron atrapar al tigre y llevárselo en una camioneta. En cuanto se fue el tigre, me vine al ensayo porque a mí me gusta ser cumplida. A estas alturas de la explicación, el usualmente implacable Fernando Soler ya estaba llorando de risa ante tan imaginativa disculpa. Bueno, pues no me lo van ustedes a creer, pero cumplo con avisarles que el PRI ganó las elecciones presidenciales, ganó la cámara de diputados, la cámara de senadores, la asamblea de representantes, la mesa directiva de todos los condominios horizontales, la gubernatura de Chiapas, la jefatura de manzanas y perones, el pro-gol marcador y el sorteo Melate. Un tigre a las puertas.

Testimonio

Un amigo enterado y respetable me cuenta que a Ernesto Zedillo literalmente le enferma la corrupción. Si esto es así, va a tener que trabajar horas extras; o va a pasarse seis años en un grito. Desde este espacio ofrezco mis servicios en cuanta acción se emprenda para aliviarnos de esa enfermedad. No necesito cargo, ni quiero sueldo. Basta con que me envíen mi estrella de *sheriff* civil.

Agosto 28, 1994

Y TÚ, ¿CÓMO QUEDASTE?

Ahora comienza el sórdido juego de las colocaciones. Todas dan por un hecho la entronización de Zedillo y la instantánea creación de la nueva corte. Que les aproveche. Triste gobierno si se piensa que Los Pinos pueden seguir siendo Versalles. Triste pueblo si cree y si acepta que veinte personas que se reúnan en lo oscurito pueden decidir nuestro destino, el tuyo y el mío: el de ya casi (con la bendición de Prigione) cien millones y contando. Yo voy y vengo. Mi trabajo es oír (no necesariamente respetar) a todo mundo. Todos hacen cuentas y deciden, en la perversa tradición mexicana, si me incluyen o no en su equipo. Venturosamente, la mayoría decide excluirme. A todos los triunfadores les estorban mis improbables veleidades perredistas. Alabado sea Marx. Si no fuera para otra cosa, para algo tenía que servirme mi indeclinable respeto por Cuauhtémoc. Créanme que es realmente oprobioso ver a tantos colegas y amigos que se convierten súbitamente en tapetes de Temoaya para que sirva pasar por encima de ellos *il capo di tutti capi*. Los discretos búfalos. Antes se aventaban en franca estampida y mugiendo a todo lo que daban. Ahora la cargada es mucho más tersa; pero los búfalos, aun con traje italiano, siguen siendo búfalos. Búfalo vil. Lo que me pudre es que se piensen los elegidos que yo ando en las mismas. Yo hoy me dedico a ser columnista del *Reforma* y, si no me fallan los lectores (si me fallaran, me aviento desde el Ángel de mi columna), dentro de seis años pienso seguir en las mismas: escribiendo, urdiendo, cantando (?), actuando e inventando locura y media para pagar el posgrado de Bebeto. Tiempos aciagos estos en los que tengo que alternar con tanto preministro súbitamente injertado en pre-tezcatlipoca que se piensa que puede o no sacarme de la infamia. No les cae el veinte de que lo mío es, por delegación de ustedes, escucharlos, atestiguar sus tristes grandezas y sus redimibles miserias y nada más. Yo no soy bien sexenal. Ni quedo bien ni quedo mal. No dependo de eso. No soy aspirante, no soy recadero, no soy golpeador a sueldo. Soy, me esfuerzo todos los días en ser (estética y éticamente) un aceptable periodista. Es decir: quede quien quede, yo quedo bien. Habría que leer a Hauser (*Historia social de la literatura y el arte*) para enterarse de que en las culturas democráticas y politizadas (a eso aspira México, a pesar del PRI) a partir del siglo XVIII (que ya está por llegar a México) ya no existen los mecenas y el único patrocinador del que escribe es la sociedad.

Septiembre 5, 1994

El peso de la ley

Palabras, palabras, palabras. Estamos consternados... el artero crimen... el incalificable atentado... no descansaremos... una metralleta Uzi recortada... cuatro litros de sangre... caiga quien caiga... el país está de luto... un hombre joven... Joel Reséndiz, ciudadano de origen guerrerense... un policía bancario... el hospital Español... México quiere paz... resulta clara la voluntad de desestabilización... digamos no a la violencia... nos apegaremos al marco legal... se aplicará todo el peso de la ley (pausa, pesadumbre, pluma como de plomo). ¿Cuánto pesa la ley en México? ¿Dónde está la ley en México? ¿Y Ovando? ¿Y Gil? ¿Y el cardenal Posadas? ¿Y las matanzas de (entre, para y por) narcos? ¿Y Luis Donaldo Colosio? ¿Y José Francisco Ruiz Massieu? Y que conste que sólo estamos hablando de sangre conspicua, de sangre con currículum cuyo dolorido fluir llega hasta la prensa o los medios electrónicos. De los muertos anónimos o que sólo alcanzan apodo (el Chorrillo y sus víctimas) no hablamos, o hablamos un rato y volvemos a nuestros asuntos. Todos están igualmente muertos, quienes los mandan matar (de disentería o de un plomazo), los eufemísticamente llamados "autores intelectuales" (por si alguna lacra nos faltara a los intelectuales), esos siguen por ahí agazapados en su bruta impunidad, manejando sus negocios confesables o inconfesables; buscando incansables un nuevo acomodo para su estúpida impunidad; medrando a costa de nuestra angustia, nuestro desasosiego, nuestra creciente aflicción y la portentosa y corrupta esclerosis de un sistema de justicia que no ve más allá de sus narices quizá porque éstas se hallan taponadas por la cocaína, por los puños de billetes y porque no puede perseguirse a sí misma. El peso de la ley. ¿Cuánto pesa la ley en México? Me llama una señora por teléfono para contarme de un estudiante, amigo de su hija, asesinado de tres puñaladas para robarle veinte pesos. El peso de la ley. Me habla una amiga para contarme que algunas "autoridades" no están nada contentas con las bromas que hago porque atacan a las "instituciones". ¡Hágame el c. favor c. licenciado! Ahora viene a resultar que usar un mínimo de humor para defenderse de tanta ineptitud, de tanta porquería y de tanta sangre impunemente derramada es lo que atenta contra las instituciones. Perdónenme, c. licenciados, pero no se equivoquen. Ustedes pueden silenciarme, hostigarme, censurarme o mirarme con enorme desconfianza. De hecho, ya comienzan a oírse las voces de los que exigen mano dura y represión y meter en cintura a los revoltosos. Lo pueden hacer (soy cintura 34), pero no se trata de eso. Se trata de algo infinitamente más grave, se trata de que la justicia no está con nosotros; se trata de la total pérdida de la única autoridad verdaderamente respetable: la autoridad moral. La que no necesita de garrotes, guaruras y metralletas. Precisa de coherencia, decencia y eficacia. Sin ese aval moral, podemos aterrorizar a una comunidad, pero no gobernarla. Hegel hablaba del estado como la plenitud ética. ¿La hay en México? Y si no la hay, ¿qué pasa con el estado? Yo sólo vi una vez en mi vida a José Francisco Ruiz Massieu. No creo que coincidiéramos en muchas cosas. Da igual. Su muerte me duele y me merma como toda muerte. Pero además es sangre que ya llueve sobre otras sangres. ¿Por quién doblan las campanas? Doblan por el inexistente peso de la ley. A ti y a mí, lector ciudadano decente, nos toca exigir su restauración.

Septiembre 28, 1994

¡Por cierto!

No me da el menor gusto consignar esta información, pero me sentiría peor si me la guardara. La semana pasada, al término de uno de los desayunos (11 a.m.) salieron los parroquianos y varios de ellos descubrieron que no podían mover su coche porque alguien había dejado atravesada una novísima camionetota de esas que son el vehículo favorito de narcos, guaruras, júniors, funcionarios y señoras (SKK-35). La portezuela abierta, unos elegantes lentes oscuros abandonados en el asiento y varios ciudadanos furiosos. La ira civil recayó sobre el policía que cuida el estacionamiento de Plaza Loreto: ¿cómo es posible que permita que se estacionen así? ¿Por qué no localiza al dueño? La respuesta del atemorizado guardián es coleccionable: "No puedo hacer nada, es el hijo del Presidente" (así con mayúscula lo dijo). Si el policía mintió, me gustaría saberlo para hacer todas las aclaraciones pertinentes y para buscarle una explicación al enorme despliegue de seguridad que yo atestigüé. ¿Y si no mintió —como diría Coleridge—, ¿entonces qué?

Diciembre 28, 1994

El mensaje

No fue fácil, no fue grato. Creo que, para ser el mensaje de un político mexicano, tuvo una inusual dosis de verdad. El reconocimiento del escandaloso déficit de nuestra balanza comercial y de la alta dosis de capital especulativo que recibimos a lo largo del pasado sexenio constituyó un juicio sumario al régimen salinista (que tendría que ser seguido por un juicio político) y un señalamiento veraz de las causas estructurales de nuestra actual crisis y de nuestro vicioso modo de ser como sociedad: gastamos más de lo que tenemos, franqueamos demasiado nuestras puertas (¡qué amiguitos!) y aceptamos un dinero que nos merma y no produce mayormente. Anunció luego el doctor Zedillo un proyecto que sólo quedó bocetado, pero que parece anunciar la privatización de la energía eléctrica y, en un descuido, del petróleo (¿no habrá un punto intermedio —de preferencia mexicano— entre Chava Barragán y Rockefeller?). Así como de pasadita, nos anunciaron la renuncia del doctor Serra Puche. Yo no me solazo particularmente en las defenestraciones. ¿Actuó Serra Puche por su cuenta? ¿Le habló muy feo a los gringos? ¿Qué pasó? Con oratoria apenas aceptable (lo que le dio más verdad) el presidente puntualizó que también la violencia hizo su lesivo trabajo: Chiapas y los crímenes políticos. No hubo, sin embargo, un anuncio de cómo se está enfrentando lo de Chiapas (me dicen que al ejército ya le hacen cosquillitas los dedos por empezar a disparar), ni de cuánto se ha avanzado (o no) en el esclarecimiento de la muerte de Colosio, o en la de José Francisco Ruiz Massieu, ni en el seguimiento de los muy precisos señalamientos que hizo el entonces subprocurador Mario Ruiz Massieu. Al doctor Serra Puche lo felicito por su muy reciente paternidad (yo no tardo) y le refrendo la invitación a desayunar. Ahora desayunaremos de ciudadano a ciudadano. Total: la situación es grave, el mensaje se adelantó y esto no fue gratuito y la ciudadanía recibió una dosis de verdad (ni siquiera se mencionó al ejército, ni al narcotráfico). En realidad no sé si fue la suficiente como para que nos animemos a colaborar. De lo que estoy seguro es que sin nuestra colaboración este nuevo buey no sale de la nueva barranca.

Diciembre 29, 1994

El sacrificio

Ya volvió a aparecer la palabrita en el discurso oficial. Una vez más, se nos pide sacrificio. Esta palabra se adorna con expresiones del tipo "México es más grande que sus problemas" o "México es mucho México", se sazona con la cabeza recién inmolada de algún funcionario y se sirve muy caliente. Está tan cargada de connotaciones rituales y religiosas que, normalmente, provoca en la sociedad estupor, recogimiento y resignación. No es mi caso. Yo la oigo y se me revuelve el estómago. ¿Sacrificio? ¿Es que alguna vez la gran mayoría de los mexicanos no se han sacrificado? ¿Cuánto tiempo más? ¿De parte de quién? ¿Por qué, por ejemplo, Cárcoba anuncia que en la reciente fuga de capitales, el primer capital que huyó fue el mexicano? ¿Qué quiere decir Clinton cuando dice que está dispuesto a salvarnos? ¿Por qué, nada más para variar, no sacrificamos ahora a tanta vaca sagrada e intocable que se enriquece con cada crisis y con cada penuria de los mexicanos? Doctor Zedillo: con la pena de que ya no quiero sacrificarme; con la pena de que no le reconozco autoridad moral para ofrecerme malestar para mi familia; si de algo le sirve, le comunico que esa autoridad moral que necesita para pedirnos cualquier cosa, sólo la puede conseguir promoviendo y ejerciendo la justicia; es decir, enjuiciando a los responsables del actual desastre financiero, juzgando a los jumboineptos y megaladrones; procurando el bien de los más ofendidos y lastimados; haciendo un esfuerzo serio y a fondo por la reconciliación nacional, la paz y la restauración del tejido social; ofreciéndonos garantías de que vamos a terminar con la impunidad, la corrupción y la insondable ineptitud del gobierno y dándonos pruebas inequívocas de que está dispuesto a gobernar para todos y no para solapar y enriquecer a esa mafiosa familia que, una vez tras otra, nos ha dejado postrados. Sin darnos esto, no nos pida sacrificios. Sacrificio ¡mangos! Primero justicia; primero democracia. Ya sé que esto me quedó como carta a los Santos Reyes; pero, si de su cumplimiento se trata, muchísimos mexicanos estaríamos dispuestos a ayudarlo. Firmemente deseo que usted sepa cómo hacerlo.

Diciembre 31, 1994

Los Pinos en invierno I

Es por demás. Creo que en mi horóscopo no están contempladas las vacaciones. Tras dos meses de (ba)voceo y de las más disímbolas e intensas actividades, llegué a la decisión de que el día 2 de enero no iba yo a hacer nada. Así se lo anuncié a la Hillary, que me vio con cara de profunda incredulidad. ¿Nada, nada?, me preguntó. ¡Nada!, respondí yo con una firmeza que Gandhi envidiaría. Hasta las 10 de la mañana, el día nacional de la flojera marchaba divinamente. Particular regocijo me provocaban los telefonemas de mis amigos que hoy volvieron al trabajo; fue muy grato contestarles: pues yo estoy aquí tiradote como iguana oaxaqueña y me dispongo a ver partidos de futbol americano hasta que se me ponga cara de balón. Me colgaban furiosos. A las 10:40, me dio frío. Decidí consumir tres calorías en quitarme la piyama color tofico y ponerme una de franela azul preventivo. En esas estaba cuando apareció la Hillary con el teléfono inalámbrico en la mano: te habla Carlos Salomón, pero no le he dicho que estás (¿por qué se expresan así las mujeres?). Sentí la muerte en tres volúmenes. En fracciones de segundo revisé mi amplio catálogo de pretextos e hipótesis de ausencia. Para mayor desgracia, yo sólo tenía puesta la parte superior de mi piyama y el implacable cierzo se me colaba por las boscosas regiones del sur. Cuando finalmente extendí el brazo y tomé la bocina, mi actitud era la de un mártir del cristianismo. El doctor Ernesto Zedillo me invitaba a tomar un café. ¿No le daría igual enviarme un tesobono y yo me tomaba el café en mi cama? Esto pensé en responder; pero lo que realmente respondí es que sí, que cómo no, a qué horas sería bueno. A las seis, me dijo Carlos Salomón. Colgamos. Estoico, sereno, silencioso, me dirigí a la regadera. La Hillary venía tras de mí y preguntaba: ¿no que ni siquiera te ibas a bañar? Yo: mudo. Tomé mis arreos de afeitado. ¿No que no te ibas a rasurar? Silencio. ¿Ya te pusiste de malas? ¿Te bronqueaste con Carlos Salomón?... Pues como estás en ese plan, yo ya me voy a recoger la tela de la recámara de Bebeto; ya pagué el anticipo y no vaya a ser que ahora me la hagan flotadora... si viene el Pulpo le dices que es un idiota porque el filtro de agua que instaló en la cocina primero no sale y luego avienta agua hirviendo. Fémina, bésame y abandóname. La afligida soledad. Ni siquiera pude ver el futbol que —me dicen— estuvo horrible. A las tres regresó la Hillary arrojando espuma por la boca: ¡no abrieron!; te aseguro que están reetiquetando; pero si creen que se van a reír de mí, están muy equivocados... ¡Los odio!... ¿Y tú? ¿Por qué estás de traje? Porque voy a tomar un café con Zedillo, respondí con voz cavernosa. ¿Con qué vas a tomar el café? Con Zedillo, sorda, respondí yo que soy tierno aun en los peores momentos. ¿De verás vas a ver al presidente? ¡Qué bueno! Por favor, dile que los de las telas ya están reetiquetando y que hoy no abrieron. Ya lo había pensado, le dije, en cuanto llegue va a ser lo primero que le voy a decir. A las 17:15 navegaba rumbo a Los Pinos. Por la radio me enteraba de que en la Secretaría del trabajo se estaban agarrando del chongo los tres sectores en la formulación de un acuerdo equitativo que nos permita salir del hoyo (don Fidel se chispó exhausto como a las cinco, en medio del estruendo que hizo una maceta que seguramente le arrojó el sector empresarial desde el segundo piso). En la explanada de Los Pinos la atmósfera era gris y el aire helado. En el despacho presidencial, un enorme óleo de Benito Juárez y una atmósfera fría y austera que también podría ser juarista. Una vez más se confirmó la maldición de mis visitas anteriores: no tomé ningún café. A cambio, sostuve con el presidente (que, nada más por molestarme, traía suéter, mientras yo iba a todo lo que daba con mi traje de ceremonia y una condecoración boliviana) una larga charla que abarcó de lo familiar a lo nacional y de cuyos detalles pretendo ocuparme en los próximos días. No crean que la estoy haciendo de emoción, pero es que a) ya se me está acabando el espacio y b) creo que la correcta lectura de mi charla con el presidente precisa del conocimiento de los puntos de acuerdo a los que lleguen, en las próximas horas, los personajes reunidos en la Secretaría del trabajo. Por lo pronto, el acuerdo al que llegamos el presidente y yo es que a México sólo lo salva México. Mañana le sigo. Me voy a poner mi pijama de franela. Ya desconecté el teléfono. Buenos días, buen lector.

Enero 2, 1995

Los Pinos en invierno II

Vamos a hablar de dos de tus artículos, me dijo el presidente Zedillo. La mirada de Benito Juárez me tenía atrapado. Me miraba desde el óleo y desde un enorme busto metálico que es una de las varias novedades en el despacho presidencial (en las paredes percibo también cuadros distintos y agujeros que, muy simbólicamente, no han sido resanados). Del salón en el ángulo oscuro, tal vez olvidada por su dueño... había una mesa; una mesa redonda. Sobre ella dos manos grandes, expresivas, tamborileantes y con un módico reloj de esos que usan los corredores. Ya con este último dato, habrán deducido que eran las manos de Zedillo (yo sólo corro cuando vendo *Reforma* y el reloj que uso me lo regaló mi suegra y se autodestruirá en cualquier momento) que se acompasaban con su plática. Me preocupó lo que publicaste acerca del problema que había creado uno de mis hijos en un centro comercial e investigué el asunto a fondo. Te puedo asegurar que sí estuvieron ahí esa mañana, pero que ni ellos ni su escolta hicieron nada indebido. Hasta donde pude saber, sí hubo una persona que se estacionó incorrectamente y al vigilante se le debe de haber hecho fácil atribuirle el asunto a mis hijos. Creo que no será la primera ni la última vez que algo así suceda. Lo que te puedo asegurar es que, como padre, uno de mis máximos intereses es que sus nuevas condiciones de vida los dañen lo menos posible. Son muchachos sanos, normales, austeros y así quiero que sigan. Esto me dijo Ernesto Zedillo y me parece correcto reproducirlo. Con la rara habilidad que yo tengo para participar en una conversación y estar pensando en otras 30 cosas, hubo un momento en el que no éramos el presidente y el columnista los que estaban platicando, sino dos padres tratando de encauzar a sus hijos. Los de él tienen la bronca de ser hijos del presidente; los míos, la de no serlo. Hoy, por ejemplo, es cumpleaños de la pequeña Carlos y creo que ha llegado el momento de explicarle que su apodo resultó un petardo: no agarré subsecretaría y, en un descuido, le van a hacer juicio político a la enaneta; esto sin contar con que el presupuesto asignado para su regalo ha sufrido una brutal merma. Ustedes sigan comprando dólares a lo uei y nada más me va a alcanzar para una paleta Mimí. De regreso al despacho presidencial, la mano que mece la banda hacía una inequívoca señal de punto y aparte. Con respecto al otro artículo... Bastaron estas palabras para que reaparecieran el presidente y el columnista. ¿El del sacrificio?, pregunté yo, inspeccionándome las nueve uñas. Ese, dijo Zedillo, me interesa comentártelo, porque creo que ahí me dices lo que muchos mexicanos quieren decirme en estos momentos. Creo que sí, dije yo, poniendo cara de muchos mexicanos. Si desea usted saber qué rumbo tomó la conversación a partir de este punto; no se pierda el capítulo III de esta gustada serie.

Enero 3, 1995

Los Pinos en invierno III

Perversiones de la retórica nacional: llega la Tractor y me dice "se rompió el vaso" (puesto que no me dice "rompí el vaso" tengo que imaginar un vaso con ímpetus depresivos y con tendencias suicidas que, cansado de tanta devaluación, decidió romperse). Llega mi amiga María Victoria Llamas y me propone el ejemplo de los que dicen "mi coche no quiere andar" (o sea que amaneció de malas, o con la franca voluntad de contrariar a su dueño. Este, si es mexicano, todavía puede añadir: ya le estuve haciendo, pero no quiere). Abro el *Reforma* y me encuentro con el etéreo peritaje de la Procuraduría del D.F. con respecto al accidente de Reino Aventura: "Fallaron cuatro tornillos" (de esto se puede deducir que los tornillos son cada vez más irresponsables y más faltos de espíritu cívico)... "Los hilos... fueron insuficientes" (¡claro!, con el mal ejemplo de

los tornillos, los hilos también se permiten faltar a su deber)…
"Tampoco tenían rondanas" (seguro las roldanas se fueron con los legisladores a Puerto Vallarta)… "El mantenimiento diario tampoco se registra" (los tornillos fallan, los hilos son insuficientes, las rondanas se ausentan y el mantenimiento es tan holgazán que no se registra. Así no se puede). El común denominador de los variopintos ejemplos aquí consignados es la elusión del sujeto. Nadie sabe, nadie supo. He invocado estos ejemplos para mostrar cómo en la gramática nacional se refleja nuestra incapacidad, temor o falta de voluntad para deslindar y señalar responsabilidades: ¿quién, por qué, cómo, a qué horas?, estas son precisiones que no están al alcance de la voluntad nacional. Pensemos ahora en expresiones como: se acumuló un déficit; se puede formar una burbuja; se intentó desactivar; se nos heredó un problema; la paridad se hizo insostenible; el banco se tuvo que retirar; se contempla un periodo doloroso; serán necesarios sacrificios; se reactivará la economía. Las habrán escuchado en el mensaje presidencial, como yo tuve que escucharlas en la descafeinada plática que vengo reseñándoles. En verdad, no hay gran distancia entre el mensaje público y la charla privada. En ambos casos el problema central es el déficit. Yo no estoy tan seguro. Coincido con Sergio Sarmiento en que la crisis actual la generó (y la mantiene viva) la desconfianza en la capacidad y en la operatividad de las muy concretas personas que muy concretamente hoy gobiernan México. Coincido también con Federico Reyes Heroles en lo peligroso que es erigir cadalsos instantáneos y olvidar avances que mucho nos han costado. Todo esto cae del lado del frenesí destructivo pero no del de la racionalidad o del patriotismo. Tengo la impresión (diría Gutemberg) de que en este país hay un buen número de traidores que deben ser perseguidos y juzgados. Tengo también la impresión de que habemos muchos que no hemos asumido plenamente nuestras responsabilidades ciudadanas y ya estamos exigiendo castigos y guillotinas. Nos han tocado tiempos tan cargados de novedades y de retos que para nadie será fácil estar a la altura. Ahí, frente a frente con el presidente de la república pensaba yo estas cosas mientras lo escuchaba. Me agradó

mucho saber que en Chiapas la voluntad de Zedillo es terminantemente política; del mismo modo me resultó convincente su declaración de absoluto desprecio por la imagen personal, por el poder en tanto poder y por el hipotético "lugar en la historia". Todo esto ya es un enfático cambio con respecto a su antecesor. Pensando a la mexicana, diría que es un presidente muy poco presidente. Supongo que esto molestará (o asustará, que es lo mismo) a los que quieren ver en el Señor Presidente al padre y dador universal. A mí me agradó. Mientras menos opresiva y desaforada sea la figura presidencial, más oportunidades tiene la sociedad de crecer, manifestarse y exigir. De Los Pinos salí con frío y con congoja por mi país; con la profunda convicción de que no siento la menor envidia por Ernesto Zedillo y con la seguridad que ya puse por escrito y que ahora refrendo de que a este país ya no se le puede hablar de sacrificio si antes no se le muestra el pleno rostro de la justicia y de la democracia. Si ese es el camino de Ernesto Zedillo, habrá que acompañarlo. Si no lo es, habrá que demandárselo a él y a todos aquellos (con nombre y apellido) que permitieron que este país —para decirlo a la mexicana— "se empantanara".

Enero 4, 1995

Los Pinos en invierno IV

Lunes 2 de enero, 7 de la noche. El viento de enero barre la explanada de Los Pinos y ahí un aterido cincuentón busca informes acerca de Sigfrido, un veloz compacto alemán (adquirido, ¡loado sea Alá!, mediante el benévolo sistema de autofinanciamiento). ¿Qué piensa ese hombre? (nótese el arranque modelo Dickens criollo). Creo recordar que pensaba muchas cosas. Piensa, por ejemplo, que él nació y el Presidente (con inmensa "P" mayúscula, como de Pedro Páramo) ya estaba ahí. Se llamaba Manuel Ávila Camacho y tenía un aciago hermano llamado Maximino, nombre que mi padre pronunciaba con terror, con ira, con extraña reverencia. No estoy hablando de recuerdos, sino de sombras de recuerdos. Más nítida me resulta la oficial sonrisa de Miguel Alemán. Todo parecía ir de maravilla para unos cuantos. Mis padres no eran parte de ese bendecido grupo y tenían que trabajar muy duro los dos. Aparece luego la corbatita de moño, el sarcástico aire funéreo y las malas noticias de Adolfo Ruiz Cortines (por no hablar de la primera dama, que era personaje de Valle-Inclán). En esos años oí por primera vez el mensaje: vamos muy bien, somos un gran pueblo, pero se requiere austeridad y sacrificio (¡omaigod!); nuestros problemas son transitorios (¡omaigodes!) y la actual situación la tenemos que ver, ante todo, como una oportunidad (¡omaitláloc!). En algún lugar de Los Pinos deben tener mimeografiado y enmicado este mensaje que por lo visto (y por lo oído) debe leerse al pueblo tenochca en algún momento de cada katún. Pasa el tiempo y yo estoy en una papelería comprando un mapa de América del Norte. Una vendedora joven le dice a su compañera: "¡Pásame otra foto del muñeco!". El muñeco era Adolfo López Mateos. Mis tíos lo admiraban porque iba al box, a los toros, a los viajes, a correr autos deportivos en el Periférico y sobre todo —decían mis tíos— porque "era buenísimo para las viejas". A lo mejor para las viejas sí, pero para mi familia, no mucho. Mis padres seguían trabajando los dos y no era fácil vivir (tampoco era triste). Nada bueno tengo que decir de Gustavo Díaz Ordaz. En aquel sexenio estuve a punto de conocer personalmente al presidente. Yo era maestro de su hijo Alfredo que daba una lata infernal. Tanta que alguna mañana le dije: te vas del salón y le dices a tu padre que venga a verme. Nunca fue. El director del CUM cayó en crisis convulsiva y me ordenó recibir de retache al latoso jovenazo. Del 68 para acá, ya nos sabemos la reiterada historia de las esperanzadas prosperidades que súbitamente se convierten en crisis que, una vez más, demandan un sacrificio, pero representan una oportunidad. Algo he crecido en estos cincuenta años; algo ha crecido mi país tan saqueado desde dentro y desde fuera; algo hemos cambiado. Ahí, en la explanada de Los Pinos, con formaciones de hielo en la calva, pensaba yo que ese arquetipo llamado "el Señor Presidente" ya no da más, ya no funciona, ya es profundamente inmoral, aun en el caso de que tal o cual de sus avatares sea un hombre pensante, respetable y bien intencionado. Pensé (y pienso) que si en verdad lo es, lo primero que tiene que hacer es sacudirse de encima el mito caudillista, romper la pétrea, lesiva y solitaria cárcel del poder unipersonal que "no rinde cuentas a nadie" y entender que a un pueblo tan golpeado ya no se le pueden imponer proyectos que ni se le explican, ni se le consultan a fondo. Ya ni siquiera basta con que gobierne "para" nosotros; tiene que gobernar "con" nosotros. Mi fragilísima esperanza reside en que el doctor Zedillo haya entendido que él ya no es el "Presidente", sino el mandatario (el que habrá de cumplir nuestro mandato). Yo (nosotros) no soy apto ni como espectador, ni como víctima. Lo realmente mío no me lo quitan ni las devaluaciones, ni Clinton, ni el PRI, ni nadie. Me aterran los que predican un optimismo estúpido e interesado. Me aterran por igual los que me hablan o me escriben para decirme: ¡no nos falles! Háganme el plis. Si hasta san Andrés tuvo fallas. Yo no me siento capaz (ni necesitado) de decirle a Zedillo algo semejante. Yo, ciudadano, me comprometo a tratar de no fallar (pero no se confíen) y a exigirle a los gobernantes (que cobran de mis impuestos) a que se apuren a darle a este país justicia y democracia y que, mientras tanto, no estén fregando con lo del sacrificio. Si de eso se trata, con mucho gusto les doy los teléfonos de Azcárraga y demás forbesianos. Lo nuestro es intentar, decía Eliot. Yo, desde mi pesimismo, me voy a trabajar; me dispongo a vivir, no creo en ningún bien que no provenga del trabajo y me afirmo en la esperanza de que mis mexicanos hijos, cuando hagan la crónica de estos años terribles y estimulantes, puedan —como yo— escribir: mis padres seguían trabajando. En esto apareció mi coche y yo tomé el rumbo de mi casa. Mensaje ya de salida: Señor gobierno: ¡no y no!, ya son muchos años. Ya no me la creo y este no creérmela nada tiene que ver con simpatías o antipatías personales; es que ya he visto muchas veces la misma película y reivindico mi derecho al duelo, a la desconfianza, a la crítica. Por favor, no me digan que es una oportunidad maravillosa. No es cierto. Por lo menos, déjenme mentar madres a mi gusto. Yo sabré cuándo, cómo y con quién recupero la alegría... ¡Ah, se me olvidaba! Hoy toca. Hasta donde yo sé los abrazos no se han reprivatizado, ni están en flotación, ni han sido exonerados de culpa (no hay abrazos más ricos que los abrazos culposos). Y ya acabé. Riacatán. Nos vemos el lunes.

Enero 5, 1995

Bueno, y en resumen...

¿Qué impresión tienes de Ernesto Zedillo? Así me preguntan mis viejos cuates y los nuevos cuates que me he conseguido gracias a esta columna. Los más sagaces y picudos me dan un codazo en las costillas y me felicitan por mi capacidad para no comprometerme. Error. Lo que más me gusta es comprometerme y, eventualmente, equivocarme y tener la oportunidad de rectificar. Para mí, esto es vivir. Como bien me dijo mi amigo que ya no quiere ser mi amigo porque dice que ya soy famoso: siempre que le ofrezcas certezas a la gente, mentirás; lo nuestro es la perplejidad. Es correcto. Si me preguntan sobre la capacidad política de Zedillo, no tendría mucho que responder, pero sé que la respuesta buena corre por su cuenta; pero si me preguntan por el ser humano les diré que me parece de primera: ponderado, firme, atento y muy poco vulnerable al halago y a la amenaza; un buen tipo. Junto con esto me queda la convicción de que, en este momento, los mexicanos dependemos más de los otros mexicanos, de su entereza o cobardía, que de un hombre que, sin deberla ni temerla demasiado, vino a quedar a cargo de una familia política en franco estado de descomposición. Si no prescinde de sus allegados inmediatos (guillotina de por medio) no es mucho lo que podemos esperar; si tiene la sensatez de darse cuenta de que se halla en una situación en la que no tiene nada que perder, en la que tiene que ponerle la pierna fuerte a los eternos beneficiarios de la corrupción (que lloran por los miles que van a perder y se olvidan de los millones que ya ganaron) y asume el riesgo de cambiar radicalmente el reparto de esta película mal hecha y, nada más por variar, decide gobernar con la gente y para la gente, entonces el individuo Zedillo, que me cae muy bien (pero esto no importa), podrá ser el buen Presidente Zedillo. Insisto: esto no depende de mí; depende de que él tenga lo que hay que tener. Ojalá y sea así para bien de México. Ojalá y sea correcto el mensaje de mi cada vez más admirado Paco Calderón: las piedras hay que usarlas para reedificar a México. Esto es correcto si Zedillo nos da la claridad y la justicia que todos pedimos. Si no es así, pues con la pena de que yo voy a desperdiciar mi piedra para partirle los dientes a algún Chicago boy.

Enero 8, 1995

¿DÓNDE ESTÁ EL PILOTO?

Que conste que indiqué con toda claridad que se trataba de una pregunta. No fui muy lejos por la respuesta. El piloto está en Los Pinos y todo parece indicar que ahí piensa seguir estando. De hecho, y dentro del marco de austeridad ya anunciado por la miss Samaniego, se están (nótese la ausencia de sujeto) haciendo en la residencia oficial algunas mejoras materiales. Si hoy miércoles leyeron *Reforma*, habrán visto la santa y garigoleada rejota que van a colocar. En la escueta nota no se aclara si la función de la reja es impedir la entrada o imposibilitar la salida. Sea como fuere, yo no me aguanto las ganas de decir que me parece una pésima medida ésta de que el presidente despache en Los Pinos (con reja o sin reja). Lo digo por experiencia. Yo nunca he sido presidente (y la posibilidad de que lo sea es más bien remota) pero lo que sí he hecho es poner mi oficina en mi casa y el resultado ha sido desastroso. No es grato (ni muy factible) querer trabajar y que al ámbito laboral se cuelen desde el aroma del chicharrón en salsa verde, hasta un señor que quiere saber si por fin en la cocina vamos a querer una tarja grande, dos medianonas o tres de las chirris. Esto sin contar con las broncas telefónicas (a la Hillary la camotean por un artículo que no ha entregado y a mí me hablan para avisarme que tengo sesión de jadeo psicoprofiláctico). Con un agravante más: la vida laboral y la vida familiar se montan una en la otra y no hay manera de deslindarlas. Si esto le ocurre a un microempresario como soy yo, no me quiero imaginar las pachangas que se han de armar en la oficina-residencia de Los Pinos. Si a mí me preguntan (cosa que nadie ha hecho) mi opinión acerca de dónde debe estar el presidente; yo comenzaría por solidarizarme con la afirmación del doctor Zedillo de que él no pretende ser ni omnipotente ni omnipresente. Esto me parece sanísimo. Mientras menos espacios ocupe el presidente, más podrá ocupar la sociedad. Yo nada más quiero que esté en un lugar: el Palacio nacional. Créanme que no es capricho; siendo como es México un país formalista y ritualista y significando lo que significa la plaza mayor de México, ese es el lugar del presidente. Preguntémosle a Carlos Salinas si desertar del Zócalo tuvo o no tuvo un costo político para este país. ¿Dónde debe estar el piloto? Yo diría que en la cabina ¿dónde debe estar el presidente? Yo diría que en el Zócalo (y sin rejas).

Enero 11, 1995

Ya apareció el piloto

¿Se acuerdan que estábamos muy preocupados? Pues a tranquilícense, parece que ya apareció (así dice la Tractor cuando le pregunto por alguna prenda extraviada.) Desde hace algunos días eran fuertes los rumores de que se estaba cocinando un acuerdo político importante. Las noticias comenzaron a concretarse ayer martes. En mis ires y veníres por el periférico (la única vía rápida que avanza más despacio que la lava del Xitle) se escuchaban jirones de discursos, comentarios, declaraciones. Después me fui a mi función de teatro y como la Hillary puso cara de que iba a parir en escena, salimos destapados. Entramos a la humilde casa que es de ustedes (si me ayudan con el mantenimiento y el nuevo predial), prendí la televisión y ¡órale!, en ese instante comenzaba la transmisión diferida del pacto de Los Pinos (remember the Moncloa), hagan de cuenta que nada más me estaban esperando a mí para comenzar. A mi lado, la amenazante madre en potencia realizaba todo tipo de consultas y negociaciones consigo misma, con el fin de discriminar si lo que le acontecía era parto inminente o empacho esplendente por andar comiendo manjares japoneses. El gato y el garabato. El total de la mitad de mi atención se concentraba en la ceremonia de Los Pinos (de algún modo, también era trabajo de parto) y la otra mitad se concentraba íntegra en la Hillary, que terminó diagnosticándose una letal conjunción de sinusitis y dolor de panza. Para esto, ya había hablado el representante del PT y había pronunciado un discurso que, sin ánimo de falsas alabanzas, me atrevo a calificar de perfectamente olvidable. Luego se arrancó Porfirio Muñoz Ledo que, a mi juicio, estuvo exacto, lúcido e implacable en sus demandas, pero también en su disposición a colaborar en la recomposición (¿no será la fundación?) de México. La cámara nos mostraba intermitentemente el rostro de Paz, de Creel, de Krauze, de Reyes Heroles, de Monsiváis, de García Cantú. ¿No está maravillosa esta cobijita para sacar a Bebeto de la maternidad?, dijo la Hillary interponiéndose entre Porfis y el teleauditorio (yo) y blandiendo un metro cuadrado de crochet color acqua. ¡Hillary, no seas irresponsable, la patria se está pariendo a sí misma y tú no me dejas ver! ¡Sentadooos! Convertida en Marga López, la increpada (carente de crepa) se hizo a un lado. Carlos Castillo Peraza leía un texto que por su serena inteligencia mostraba a las claras que era de su mano. Me gustó muchísimo escuchar el nombre de Adolfo Christlieb Ibarrola. Me gustó porque es el tío abuelo de mis hijos, pero sobre todo porque fue un político en el sentido más digno de la palabra y porque en ese pacto de Los Pinos comenzaron a tener verdad y presencia muchos de los reclamos de don Adolfo. La intervención de María de los Ángeles Moreno (¿ya viste las ojeras de yo-yo?, me preguntó Marga López) me pareció titubeante, con demasiadas deudas con la vieja retórica priísta y presidencialista, aunque con una cierta intuición de futuro que no encuentra todavía dónde aterrizar. Pasamos (decía la mosca) a las firmas. Muñoz Ledo firmó con vehemencia de tallador maya y ya quería firmar hasta en el mantel. Los demás se produjeron con sobriedad. Habló luego el presidente y ¡aleluya!, habló como presidente; pero no como los presidentes-tlatoanis de antes, sino como el presidente de ese país democrático que todos los mexicanos de a debis necesitamos y necesitamos ya. Como no queriendo, le dio una repasadita a Salinas y como sí queriendo le puso un estate quieto al "mayoriteo" priísta. Yo no sé si, como algunos dicen, presenciamos un momento histórico. Lo que me consta es que es inédito y sumamente esperanzador. Dice Sarmiento que dice Dehesa que a lo mejor Zedillo no es un gran presidente pero que nosotros tampoco somos un gran pueblo. Ha lugar a la rectificación. Zedillo se mostró ayer como un buen presidente que, por lo tanto, asume que está al servicio de un buen pueblo. O sea que ya apareció el piloto. Enhorabuena. Además, ya apareció también el copiloto: se llama Esteban Moctezuma y su inocultable satisfacción me pareció muy legítima. Creo que es hora de que todos colaboremos para que el avión toque tierra con tersura. Bienvenidos a la democracia (ciudad en construcción). No olviden sus objetos personales (incluyendo cobijitas).

Enero 18, 1995

La fundación nosotros

La idea no es mía. Ni siquiera sé si alguien puede decirse propietario de una idea. En el mejor de los casos, lo que está cristalizando es una necesidad (una ansiedad) colectiva. Aun sin formularlo verbalmente, cualquier mexicano sabe que la salvación no vendrá de Washington, ni la alcanzaremos por el difícil atajo de la violencia o de las actitudes sistemáticamente destructivas y derogatorias. Dicho más fácilmente: hay que ponerse a trabajar. Como indica mi buen cuate Paco Calderón, tenemos un presidente que proviene de unas elecciones aceptablemente limpias en cuanto tales; ese presidente ha dado señales relevantes de voluntad democrática; ese presidente está en apuros financieros. Hoy lunes, me informan, el dólar cerró a N$6.80; la insensatez de esta cifra es un clarísimo aviso de la ampliación de los márgenes de desconfianza y de pánico que estamos generando. ¿Cómo es posible que la nación mexicana se abandone a tales paroxismos de terror porque unos congresistas en Washington no están muy seguros de que quieran avalarnos? ¿No estaremos haciendo todo mal? ¿No es como de locos que el *Herald Tribune* publique que nos quedan 2,000 millones de dólares de reserva; que, acto seguido, Herminio Blanco (que está en Washington) desmienta la noticia y anuncie que mañana martes él va a dar la verdadera cifra de nuestras reservas y que, ¡omaigod!, el Banco de México desmienta que Herminio Blanco vaya a desmentir? (todo esto pasó en un ratito de esta tarde). Yo no sé si la fundación Nosotros podría hacer mejor las cosas, pero estoy seguro de que no podríamos hacerlas peor. Además, ninguno de nosotros quiere o necesita viajar a Washington. Momento que pasa, momento en que afirmo que mi (nuestro) proyecto del Fondo nacional de rescate es mucho más coherente y digno que los tristes numeritos que andamos haciendo en la unión americana. Nos estamos viendo más ridículos que los Cargadores de San Diego. Con eso les digo todo. A lo largo del día de hoy, he recibido una cantidad abrumadora de llamadas, ofrecimientos y muestras de apoyo para nuestro proyecto que, por lo visto, no es tan descabellado. Necesitamos financieros patriotas e inteligentes (los hay); necesitamos economistas muy truchas y con un empecinado amor por México (los hay); necesitamos que los grupos, las facciones y los partidos nos dejen trabajar en paz; necesitamos de mucha gente con talento organizativo y de muchos ciudadanos honrados que le den su aval moral a este proyecto (los hay). Somos 80 millones. Nos toca en principio de a 500 dólares por piocha, pero, por lo pronto, no contemos con 40 millones de mexicanos que viven en la pobreza. Tampoco los descartemos. Esto tiene que ser una empresa nacional. El que no pueda dar dinero podrá dar trabajo (hoy me habló una señora que es jefa de varios carpinteros que están dispuestos a dar un día de salario semanal hasta juntar su cuota) y todos podremos dar apoyo (otra señora me habló para ofrecerme una alhaja que le queda y otra que le queda a su hija —¿me están oyendo forbesianos?—). Señor presidente: dígale a sus muchachos que se regresen a su país y díganos a Nosotros cómo le hacemos para salir adelante, Usted nomás téngale confianza a sus charros negros; de que salimos, salimos. Ahora ya es capricho. Acalambrado lector: si todo esto te suena ligeramente mafufo, tú nos puedes ayudar a que sea más real y factible. Es para hoy. Cualquier sugerencia, apoyo u ofrecimiento será bienvenido.

Enero 30, 1995

El error de diciembre

"Un loco solitario que actuó espontáneamente habló con Zabludowsky y le tiró durísimo, con tres pistolas diferentes, la balacera verbal al inefable (aunque muy falible) subprocurador Montes, a Jaime Serra Puche y al doctor Ernesto Zedillo Ponce de León..." Así podría comenzar la crónica que algún gacetillero amarillista (dícese de los periodistas chinos) hiciera de la entrevista (cuasi un monólogo) que Carlos Salinas de Gortari nos asestó el martes 28 de febrero al mediodía. Una vez más, esta voz informativa tiene que rehacer su de por sí contrahecho e inacabado rompecabezas nacional y opinar al bote-pronto. Para mejorar las cosas, escribo estos renglones mientras espero la confirmación de la noticia de que el ídolo de Manú Dornbierer, Raúl Salinas de Gortari, ha sido aprehendido e indiciado como autor intelectual del asesinato de José Francisco Ruiz Massieu (espérenme; voy a contestar el teléfono... Ya volví). *Reforma* y *Radio Mil* me confirman la noticia: Raúl Salinas fue aprehendido. Si mis cálculos son correctos (dijo la vesícula) los exabruptos de Carlos Salinas que yo, en principio, interpreté como parte de una estrategia ofensiva, creo entenderlos ahora como inusuales y desesperadas maniobras defensivas. Ya tocaron a la familia, ¿quién es el siguiente? En honor a la verdad, de Raúl Salinas lo único que puedo decir es que todavía no he encontrado, en los últimos siete años, a un hombre o a una mujer que me hablen bien de él. Esperemos que la justicia mexicana discierna con claridad y eficacia su inocencia, o su culpabilidad. Volviendo al comunicado de Carlos Salinas, me fío de mis amplias orejas para detectar una voz que está haciendo su máximo esfuerzo para parecer firme, pero que, por momentos, y aunque es obvio que está leyendo, titubea, cambia la entonación a medio camino e imprime la levísima huella de la cólera helada. Dos asuntos trató el expresidente de México: su absoluto e imparcial apoyo a la investigación del caso Colosio (que sin embargo, mientras dependió de él, permaneció estancada en la estúpida teoría del loco solitario) y su tajante deslinde con respecto a la actual crisis financiera de nuestro país. De ella habló nombrándola como el "error de diciembre". Varias veces utilizó esta expresión. En principio, suena razonable. Bien que mal, el país mantuvo su frágil equilibrio en los difíciles meses de 1994. En una lectura precipitada podríamos convenir en que ya para el 20 de diciembre la conducción nacional no corría a cargo de Carlos Salinas y, por lo tanto, no podemos achacarle que, para usar sus palabras, un problema mal manejado se convirtiera en una crisis. Aquí habría que detenerse. El "problema", como Salinas lo llama, venía gestándose a lo largo de todo el sexenio y se agudizó durante 1994. Carlos Salinas tenía (como Zedillo no quiso tener) un magnífico operador financiero llamado Pedro Aspe. Si Salinas, como dice, no piensa más que en la dignidad de México, ya podría haber —por puro patriotismo— atacado el problema en los últimos meses de su mandato y no permitir que la bomba estallara en las ineptas manos de Jaime Serra Puche. ¿Por qué no lo hizo? ¿Qué pesó más en su ánimo que lo hizo diferir una decisión que él podría haber manejado bien y que su sucesor manejó mal con las gravísimas consecuencias que esto ha traído para la nación que Salinas y Zedillo juraron servir? ¿Su imagen histórica? ¿Su chambita en la OMC? ¿El Narciso hipertrofiado? No lo sé. Para no variar, esta columna termina con más interrogantes que certezas. Las familias (en el sentido siciliano de la palabra) se han declarado la guerra. Si no tuvieran en las manos el poder que tienen, podríamos simplemente desear que gane el mejor (o el peor), pero resulta que hay millones de familias (en el sentido mexicano de la palabra) que están de por medio y cuyas vidas se deterioran aceleradamente, mientras el excapo se dedica, según su costumbre, a leer la prensa extranjera y a fundamentar en ella sus alegatos, y el gabinete Montessori se dedica a jugar guerritas de lodo. El pinto y el colorado. ¿Qué sigue? Si lo que sigue es oxigenar con la justicia todos los recintos de nuestro país, vámonos recio, Ernesto Zedillo.

Febrero 28, 1995

Demasiado tarde

Andrés (antes Bebeto) no se quiere dormir. Lejos de apaciguarlo, el vespertino baño dominical lo tiene en plena euforia. A diferencia de nuestra economía, el pequeño se esponja por minutos. Cada día parece más un tamal de dulce. Los cachetes se le están poniendo de Orson Welles y, en general, su actitud tiende a ser impertinente y despectiva. Hagan de cuenta el cacique gordo de Zempoala (leer a Bernal Díaz del Castillo). Yo todavía no le hablo de cosas serias; todavía no le cuento del mensaje que el lúcido, exacto y diamantino Guillermo Ortiz nos envió el jueves por la noche para explicarnos que lo nuestro no es cáncer, sino septicemia combinada con lepra. ¡Además, nos regañó! Nos dijo que éramos una familia que vivía de prestado, pero que él estaba ahí para decirnos cómo y a qué costo volvernos decentes. No sé si a alguien le importe, pero me urge dejar testimonio escrito de mi absoluto desacuerdo, mi total rechazo a las siguientes medidas gubernamentales: a) La tácita absolución a Carlos Salinas que —me dicen— se resuelve con el exilio forzoso del fallido ayunante. No estoy de acuerdo. Exijo que se quede y que nos explique todas sus maromas. b) El discurso de Ernesto Zedillo ante la asamblea priísta. Si el PRI es un partido "agraviado" y "no tiene culpa", ¿qué tiene que decir Zedillo de 40 millones de mexicanos condenados a la miseria? c) El "mayoritazo" del PRI (salvo una honrosa abstención) a la turbia negociación del empréstito estadunidense que no tiene más objetivo que salvaguardar los intereses estadunidenses y que pone a México en el camino de la inflación, la recesión y la cada vez más cercana entrega de nuestro petróleo. d) El ya mencionado mensaje de Guillermo Ortiz. Parte no la entendí y la parte que sí entendí me parece arrogante, dañina y sin base moral o patriótica. En un estrado solitario, cinco espectros con los pies chuecos leían nuestra acta de defunción y nos decían que no hay de otra. No. No me da la gana callar y obedecer. No es justo. No me digan que no hay de otra. Si, mientras tú y yo trabajábamos, producíamos, causábamos impuestos, ahorrábamos diario, un sólo funcionario pudo robar millones de dólares, este único dato me avisa que sí hay de otra; que antes de volver a exprimir a la gente y de fracturarle los sueños y de dejarla sin trabajo, el gobierno (llamémoslo así) tiene que recuperar esas monstruosas cantidades que nos han robado; tiene que castigar a los ladrones y tiene que avisarle a Estados Unidos y a la comunidad financiera internacional (bola de payasos) que su primer deber es para con su pueblo no para con ellos. Por todo esto, me declaro en abierta rebeldía ante tamañas injusticias. Por todos los medios a mi alcance me opondré a ellas y ahí háganle como quieran. Ya me tienen harto con sus tonterías, sus inmadureces, su enanez política, su fatuo infantilismo y su falta de amor a México. Por el periódico me entero que hoy domingo habrá un mensaje presidencial a las diez de la noche. O sea que primero viene Raúl Velasco y ya luego habla el presidente. Como padre de Andrés, como hijo de mi papá y como yo mismo, me encantaría escuchar un mensaje que me informara de la recuperación de los millones de dólares malhabidos; de la inauguración del penal residencial Bosques de Almoloya donde ya estuvieran recluídos los ladrones; del absoluto deslinde entre los intereses de México y los intereses del narco y los del gran capital; de la renuncia unánime del gabinete Montessori que, en escasos 100 días, ha hecho lo que ha hecho; del desconocimiento pleno de las negociaciones financieras que hasta el momento se han hecho con Washington; de la recuperación cabal de la soberanía mexicana y del compromiso absoluto con los pobres, con los indios, con los desprotegidos de México. Tengo la molesta sensación de que no me van a hablar de nada de eso. Por lo mismo, no pienso verlo. Es demasiado tarde. Andrés ya se durmió. Dentro de poco, yo haré lo mismo. Mañana hay que trabajar, mañana hay que seguirse oponiendo. Hay mucho que hacer y muchas maneras de hacerlo. No te creas, lector querido, que no hay de otra. Siempre hay.

Marzo 12, 1995

Los Óscares

Difícilmente puedo contener mi emoción. En parte por ella y quizá también por el estúpido calor que se ha soltado, estoy desde el viernes sudando como perro en Periférico. Hoy en la noche se reparten los Óscares. Mi ansiedad está más que justificada. Tras varias décadas de contemplar la ceremonia, puedo afirmar con pleno conocimiento de causa que se trata de uno de los fastos más babosos, más cursis, más aburridos, más camp, más *kitsch*, más *naive*, más mamilas, más soporíferos y tarantes de la mitología estadunidense. Ya lo es de por sí, pero con doblaje al español (¿se acuerdan de las gracejadas de un tal Pepe Ludmir?) resulta infinitamente más letal que el gas sarín. La indecible frivolidad de la Hillary y mi propio masoquismo han permitido que, a lo largo de varios años, contemple yo esta especie de entrega de premios *high-tech* de la secundaria El Pípila. He oído a actores que ni conozco (¡pero si es Walter Chupman, el que hizo *Pistaches cósmicos* y ahora anda con un coreógrafo!, me dice la siempre informada Hillary. Yo, ni en cuenta), peinados de salón, premiados por una película que no he visto (ni pienso ver) y aventándose unos discursos de inflamado amor a Estados Unidos, a su mamá que siempre les tuvo confianza, a su primo Chip que murió atropellado por los impuestos y a su coreógrafo. Luego vienen unos comerciales de desodorantes, o de caballos que juegan futbol por tanto beber brandy y así durante cuatro horas. Este año, lo adivino especialmente plúmbeo. La Hillary ya tomó todas sus providencias para amamantar frente a la televisión. El "Tamal de Dulce" conocerá por primera vez las emociones de: "Y el ganador es....". Si fuera por mí, en tres minutos le daría todos los premios a *Cuatro bodas y un funeral* y a *Fresa y chocolate* que son las únicas películas que me han gustado de todas las que están nominadas. La comentadísima *Pulp Fiction* no la he visto, pero me comentan mis hijos que es casi tan violenta como el plan de emergencia de Zedillo. *Forrest Gump* sí la ví y la primera parte me pareció un poco idiota; pero ya cuando el héroe se suelta corriendo por todo Estados Unidos me pareció de una abismal estupidez. O sea que no me espera una noche grata. Con ánimo de mejorarla y con la ayuda de amigos y radioescuchas, me he fabricado mi propia lista de óscares de la política nacional. Ahi les va. Mejor película: *El error de diciembre* (tragicomedia de errores con guión de Carlos Salinas y realización de Ernesto Zedillo); *El loco solitario* (*thriller* político-policiaco con actores de primer nivel que aparecen todos enmascarados y con una trama apasionante que nadie ha logrado entender hasta la fecha); *Aeropuerto XV; Por un puñado de dólares* (continuación de *Yo acuso*. En el papel de Mario Ruiz Massieu, el propio Mario Ruiz Massieu. La narcotrama tiene un giro apasionante y el acusador se verá en graves aprietos ante tantas acusaciones como le llueven. Locaciones en Nueva York y en Acapulco). Mejor reparto: *Los 24 de Forbes* (prácticamente se repartieron todo el país. Merecen la estatuilla). Mejor ambientación y mejor vestuario: Carlos Salinas por *Ayuno total* (comedia baja en calorías ambientada magníficamente en un suburbio de Monterrey. Los detalles del automóvil desvencijado, la banderita y el agua de Evian son de un brutal realismo. Mención aparte merece la chamarra con cuello de borrega que dota al protagonista de un patético aspecto de Gandhi excursionista). Mejor maquillaje: Fidel Velázquez (por su gustada caracterización de formación rocosa, misma que ha lucido desde 1915), Mario Aburto (que lleva un año de parecerse a cualquiera menos a Mario Aburto), Manuel Muñoz Rocha (caracterizado desde hace varios meses como María de los Ángeles Moreno, pero con ojeras de mapache insomne). Efectos especiales: Miguel Mancera Aguayo (ni

Houdini hubiera podido desaparecer del resguardadísimo Banco de México algo así como 21 mil millones de dólares). Mejor fotografía: Humberto Roque Villanueva en el preorgasmo cívico (esta es la favorita); Salinas con su caldito (de gran intensidad humana); Zedillo alzándole el brazo a María de los Ángeles Moreno (memorable fotografía conocida como "La saludable distancia"). Estas nominaciones no son exhaustivas. La realidad nacional y el méndigo calor, sí lo son.

Marzo 26, 1995

El respeto

Atenidos a la etimología, estamos hablando del imperativo del verbo latino *respicere* y su significado andaría cerca de "mirar hacia atrás", "tener miramiento", "mirar con reverencia". En la cultura siciliana disecada tan a fondo por Leonardo Sciascia (podríamos nombrar también a Mario Puzzo, a Coppola y —entre otros— al entrañable Federico Campbell) esto del "respeto" es materia grave. Entre los temibles sicilianos "respeto" viene a significar temor reverencial, acatamiento pleno de la autoridad de algún supremo gandaya y reiteradas (y monetarias) manifestaciones de que tú o yo somos adjetivos de algún sustantivo (casi siempre barrigón) al que tenemos que brindar nuestros bienes y nuestra voluntaria ceguera. En ámbitos civilizados, el respeto es algo que se deben los iguales y no lo que el inferior tiene que rendirle al omnipotente barrigón. Este respeto sí me gusta. Sin él, la verdadera convivencia, la firme amistad, el durable amor serían imposibles. Y no le sigo, porque este asunto del respeto, en una sociedad tan irrespetuosa (en el peor sentido de la palabra) como la nuestra, daría para un largo tratado. No es el caso. Esta brevísima meditación la inspiró (no sé si sea el verbo adecuado) el diputado Campa Cifrián que, según leo en la prensa, está muy molesto porque la gente no está tratando con respeto a los diputados del PRI. Campa sufre. Sufre tanto que, desde la sublime autoridad que le otorga ser maestro de macroeconomía en la Universidad

Anáhuac, ya nos avisó que los diputados de su partido se van a abstener de explicarnos su patriótico asentimiento en favor del alza del IVA. Pues ¡qué sensibles son los diputados! Primero no quisieron explicarnos cosa alguna porque somos una bola de nacos que no sabemos nada de macroeconomía. De lo único que sabemos es de las macrobroncas en las que estamos metidos gracias a los que sí conocían a fondo la propia materia. Quiero imaginar que al propio Campa Cifrián le ganó la risa cuando repensó su numerito de diva ofendida. ¿Qué otra cosa inventaré?, se habrá preguntado. ¡Ya está! —se habrá dicho— mejor les voy a tirar el rollo de que somos objeto de una co(o)aligada conspiración panista-perredista y somos víctimas de una orquestada y peladísima falta de respeto y, en vista de que nuestros artistas no encuentran las condiciones necesarias para hacer su difícil trabajo, con mucha pena, nos vamos a tener que retirar. Suena bien. Aunque sea un puro arrebato lírico, suena bien. En México, invocar palabrotas como "el respeto", "la autoridad", "el bien de la patria" tiene un comprobado efecto paralizante. Más allá del calambre, podríamos pensar (si nos lo permiten en la Universidad Anáhuac) que el respeto es una ancha calle de ida y vuelta. Dicho de otra manera: sólo puedes solicitar el respeto de aquel al que se lo otorgas. Mi pregunta es ésta: ¿Nos respetaron los diputados del PRI cuando sin consultarnos aprobaron el aumento del IVA de modo tan gozoso (vuelvan a ver la foto del éxtasis de Roque Villanueva)? O es esto, o ¿de qué respeto y de qué conspiración nos está hablando el eminente catedrático? ¿No se referirá al respeto siciliano que no es más que una forma de la abyección? No lo sé. Lo que a mí me consta es que yo no soy ni panista ni perredista y que esta doble carencia no influyó para que, como simple ciudadano, no me sintiera yo víctima de una total falta de respeto. Esta agresión (la falta de respeto siempre lo es) no me llevó a urdir ninguna conspiración, simplemente me condujo a exigir una explicación que, hasta la fecha, no he recibido. A cambio de ella, me han dado un hermoso catálogo de evasivas: "Ustedes no entienden... lo hicimos por la patria... estamos dispuestos a pagar el costo político... entendemos su molestia, pero la disciplina partidista es muy canija". Ninguna responde a esta pregunta tan elemental: ¿por qué nosotros tenemos que pagar las estupideces y la corrupción del sistema? Me temo, señor Campa Cifrián, que preguntar esto no atenta contra el respeto. No preguntarlo sí sería una grave falta de respeto que todos los ciudadanos nos debemos. Se me ocurre que buscar una respuesta coherente sería mucho más maduro y útil que andar inventando conspiraciones y "faltas de respeto" como si los diputados fueran señoritas del siglo XIX. Todo esto dicho con debido respeto.

Abril 1, 1995

Del brazo y por la calle

Doctor Ernesto Zedillo: fuimos a buscarlo (supongo que Televisa dirá que éramos entre cinco y siete mil personas; mi percepción es que éramos un chorrísimo) y estuvimos toque y toque ahí en la puerta principal de nuestra casa común, el Palacio nacional. A las tantas, salió la muchacha y nos dijo que usted no estaba; que había tenido que salir, que se había ido al teatro con unos viejitos. Fue una lástima. Los que ahí estuvimos pensamos que hubiera sido muy importante encontrarnos con nuestro mandatario (el designado para cumplir nuestro mandato). Se perdió usted de una hermosa fiesta y desaprovechó una magnífica oportunidad para encontrarse con la gente. Los que sí fuimos la pasamos de peluches. Es muy emocionante manifestarse; vale decir: proclamar, mostrar y poner en acto aquellas opiniones personales que van confluyendo con las de los otros hasta convertirse en opinión pública. El hermoso Paseo de la Reforma —ancho y soleado— se llenó de protagonistas; personas comunes y corrientes que proveníamos de todos los rumbos de la ciudad y que —más allá de las falaces y cada vez más frágiles estamentaciones sociales— coincidimos plenamente en nuestro respeto al trabajo y en nuestra convicción de que sólo el trabajo le confiere dignidad y le acarrea prosperidad a una nación. En esto creemos y por eso desfilamos. Queríamos hacer patente nuestro desacuerdo con un sistema que sigue privilegiando la especulación, organizando insólitas catástrofes financieras que —una vez más— castigan al que trabaja, le secuestran el futuro, le pulverizan el salario y lo arrojan al desempleo. Nadie estuvo ahí para escucharnos, para atendernos y ya no digamos para recibirnos. El señor no estaba ahí, estaba en una representación teatral. Todo esto lo encuentro profundamente simbólico y, en cierto modo, alentador. Explico esto último: a pesar de que la casa estaba vacía (o a lo mejor, por eso) nadie se veía particularmente triste, o huérfano. Había, sí, mucha gente muy enojada (a diferencia de la tristeza, el enojo puede ser muy creativo) y mezclada con la ira había una rara alegría que no admite una lectura fácil. Yo sólo puedo rendir cuentas de mi júbilo personal, consciente como estoy del dificilísimo momento que vivimos (y va para largo; ya Guillermo Ortiz anunció en el teatro que a lo mejor para 1996 "se refleje algún beneficio en el bolsillo de los trabajadores"), percibo que el mejor modo de enfrentarlo (en lo que nos llega el reflejo) es estando juntos, manifestando nuestros desacuerdos y caminando del brazo todos juntos. ¿Quiénes somos todos? Pues en mi horizonte de hombre de la calle "todos" somos la Hillary (que en cuanto oyó lo de las brigadas de auxilio erótico se incorporó a la marcha y me apercolló del brazo) y María Victoria Llamas y Alejandro Aura y el nutrido muégano humano que nosotros organizamos en la avenida para encontrarnos con otros nosotros y así llegar todos juntos a la plaza mayor. Fue un enorme lujo avanzar por Madero y mirar a lo lejos la bandera que ondeaba y reencontrarse con los viejos y hermosos edificios del Zócalo. La enorme algarabía de colores, de olores, de recuerdos, de voces, de proyectos. La gente estaba —y me atengo a las etimologías— llena de ánimo y de entusiasmo. Había llegado ahí por su muy personal y libre decisión. Los acarreados no fueron y creo entender que nadie los extrañó. Dice Paul Claudel que el orden es el deber de la razón, pero el desorden es el lujo de la imaginación. Yo esta frase la usé mucho para defenderme de mi madre que quería que arreglara mi cuarto (menguante). Hoy en el desfile la recuperé (la frase; mi madre es irrecuperable). Nadie daba órdenes, nadie desfilaba marcialmente, pero todos conocíamos nuestro lugar (hacia la una de la tarde, la única anomalía que se había reportado era la de una mujer de 25 años que desfilaba desnuda por Insurgentes. A mí no me parece tan anómalo; si yo fuera mujer y tuviera 25 años también habría desfilado así). Mucho más que un desfile, fue un hermoso paseo y ahora que lo escribo y lo describo se me ocurre que esa rara alegría que percibí nacía de una extraña e inusual emoción que bien podría tener un nombre: libertad.

Mayo 1°, 1995

¿BIENESTAR?

Desde que eliminaron a los Pumas, he estado pensando mucho (lo que no equivale necesariamente a pensar bien). Dice Proust que pensar y sentir son tareas tan dolorosas, que los hombres sólo nos damos plenamente a ellas en periodos de profunda angustia. En tanto individuo, no es mi caso. La vida (o el misterio) me han concedido ese sutil modo del sosiego que es el nombre secreto de la felicidad. He aprendido a vivir conmigo en un pacto de divertida tolerancia. Lo que todavía no aprendo es a contemplar impávido el espectáculo de la injusticia, de la corrupción y del desgobierno. Esto es lo que me trae tan caviloso. A través de la excelente encuesta semanal de Mori de México/*Este País* compruebo lo que diariamente percibo en la ciudad. A la pregunta: "¿en términos generales, con qué palabra describiría usted mejor su estado de ánimo en las últimas semanas?", los capitalinos respondieron así: Preocupado (30%), Angustiado (23%), Deprimido/triste (14%), Enojado (10%), Asustado (8%). Detengámonos aquí y hagamos una sencilla suma que nos conducirá a la ingrata conclusión de que tenemos a un 85% de la ciudadanía con el alma pesarosa y emitiendo todo tipo de señales negativas. Y que conste que es una encuesta telefónica que, por lo mismo, abarca básicamente a esos sectores de la sociedad que ya pudieron pagar una línea de Telmex. O sea que el "bienestar para tu familia" ya valió queso y otros derivados lácteos. Aquí quería yo llegar. Creo atisbar una de las inconsistencias básicas de la oferta zedillista. Desde que en su campaña el doctor Zedillo nos ofreció el famoso bienestar, tendríamos que haberle revirado fulminantemente una respuesta como esta: "Mire, doctor, el bienestar de mi familia es asunto mío y de mi familia; usted preocúpese por crear las condiciones de gobierno, de salud, de administración pública y de seguridad y justicia que posibiliten que los miembros de mi familia hagan el esfuerzo que tienen que hacer para procurarse ese bienestar que nadie les va a regalar. Usted dedíquese a gobernar bien y despreocúpese de este difícil y emocionante trabajo que cada familia tiene que hacer para estar bien en el mundo". Esto, o algo parecido, podríamos haber dicho. En lugar de eso, nos quedamos callados, fuimos a las urnas y ahora estamos preocupados, angustiados, asustados y enojados. Creo que todavía es tiempo de rectificar; todavía podemos decir: "Señor presidente; gobierne bien, rompa de una vez por todas con el salinismo, ajuste su alineación que es peor que la de los Gallos Blancos y gobierne para nosotros y no para el agio internacional; olvídese de mi familia. Ya tenemos un buen rato de saber que el bienestar es asunto nuestro".

Mayo 22, 1995

Don Roque se sincera

¡Le rajo la cara a cualquiera, maldita sea! Así decía don Roque, aquel muñeco de Paco Miller que, hace algunas décadas, triunfaba en los escenarios mexicanos. Eran otros escenarios. Hoy, las delicias de chicos y grandes corren a cargo de Humberto Roque. Quizá con cierto retraso, el líder de la diputación priísta se presentó el viernes pasado con Carmen Aristegui y Javier Solórzano. He de confesar que yo me encontraba más bien somnoliento y malhumorado, pero nada más apareció el broncíneo caudillo de las huestes camarales, percibí que el regocijo comenzaba a ganarme. No estoy seguro, pero es muy posible que la inmensa y triangular corbata que lucía el H. Roque (como de muñeco Larín) se la haya traído Jorge Hank del lejano Oriente. Sus brillos nacarados (del latín, naco) y su aspecto de piel de ocelote así parecían indicarlo. La entrevista comenzó con una minuciosa rectificación de las calumnias que le han llovido al timonel priísta a raíz de las malintencionadas fotografías que algunos periódicos publicaron al día siguiente del contundente mayoritazo que la diputación del PRI le asestó al aumento del IVA. Según las fotografías, H. Roque parece estar haciendo la mexicanísima seña que indica triunfo erótico, posesión carnal e ingreso al área chica con pelota dominada. Según el testimonio del indiciado, todo esto es una pura falacia y —muy probablemente— una conspiración del PRD. No deja de ser conmovedor que H. Roque se haya tardado varias semanas en caer en cuenta de que fotógrafos, caricaturistas y algunos columnistas poco serios lo estaban agarrando de botana. Aunque tardía (las ambiguas y celebradas fotografías son del viernes 17 de marzo), su explicación no deja de ser una obra maestra de humor posmoderno. Con una seriedad digna de algún comentarista del arte asirio, H. Roque nos explicó que el enérgico movimiento de sus dos brazos fue de abajo hacia arriba, porque si hubiera sido de arriba hacia abajo eso sí hubiera constituído una verdadera peladez; el problema fue que los fotógrafos lo captaron en el momento de arranque y ahí comenzaron las malas interpretaciones. Todo esto lo oían Javier y Carmen con perfecta compostura y seriedad, lo cual habla muy bien de su profesionalismo. Supongo que yo, en situación similar, hubiera soltado la carcajada. Y Roque seguía explicando que no se trataba de una seña soez, sino de un desahogo. Esta me parece una falsa oposición. A mí me consta que, en la vida de todo hombre, siempre llega el momento en el que el mejor desahogo es una seña soez. Luego, para que se viera que hay culturita, H. Roque se aventó unos capiruchos retóricos con Max Weber (que todo pudo haber previsto menos las tácticas del PRI); confesó que la verdad, la verdad, para esto del IVA sí consultaron con el presidente, pero de un modo muy respetuoso (¡ah, bueno!) y que, volviendo a lo de la seña (se ve que lo trae obsesionado), debe ser interpretada no como algo procaz sino como un desahogo. De nuevo, una falsa oposición. Los hombres de mundo sabemos que siempre llega el momento en el que no hay mejor desahogo que hacer algo procaz. Y todavía remachó al recordar que había sido una jornada muy difícil y que ese dancístico movimiento de sus brazos, que iban de abajo hacia arriba con los puños bien apretados, lo ejecutó para "desahogar el nervio". Solórzano no se atrevió a preguntar qué nervio en particular y no lo culpo. El otro día, mi amiga "la chaparra" me contaba que, durante una entrevista con algún pretendiente, "le agarró el nervio" y yo tampoco me atreví a preguntarle qué nervio en particular. O sea que a Javier Solórzano, a mí y a Ramón Ramírez (delantero de las Chivas) nos ha faltado decisión en el momento definitivo. Todavía H. Roque se estuvo un buen rato abundando sobre esta materia de tanta importancia para la vida nacional y explayándose acerca de lo bien que se llevan y lo disciplinados que están todos los diputados del PRI. Yo no sé si Óscar Levín C. vio la entrevista, pero si la vio, me imagino que la disfrutó tanto como yo. En conclusión: toda seña que se haga de arriba para abajo no es más que una soez majadería, pero si es de abajo para arriba deberá ser entendida como legítimo y patriótico entusiasmo.

Mayo 28, 1995

Alas de fuego

No conservo buenos recuerdos de los desfiles del 16 de septiembre. Zotaco como era (y como soy) lo único que alcanzaba a ver eran los prominentes y blindados traseros de mis conciudadanas, buenas dosis de estiércol de caballo y al heroico cuerpo de bomberos que se me hacía visible gracias a que mi papá me cargaba con su no menos heroico cuerpo. El resto era misterio y chatarra. Años después, vendría el 68 y mis relaciones con las fuerzas armadas quedaron marcadas por el miedo, el rencor, la hostilidad. La guerra y, en particular, la industria de la guerra se me presentan como muestras de lo peor que hay en el ser humano. Los desfiles militares me parecen anticuados, cursis y, de vez en cuando, amenazantes. Algo de esto último sentí el sábado 16 cuando vi por la televisión la gran cantidad de equipo bélico que ha adquirido nuestro gobierno. ¿Para qué? Si le declaráramos la guerra a Estados Unidos (que ganas no le faltan a muchos mexicanos), creo que con todo y las adquisiciones, estaríamos en desventaja. Si la bronca es con Guatemala, nomás con echarles montón les ganamos. La única alternativa que resta es pensar que todo ese equipo podría ser para uso interno. Tan aversiva me resultó esta última hipótesis, que decidí dejar de ver el desfile y buscar alguna otra cosa en la televisión. Lo que me encontré fue una película babosísima titulada *Alas de fuego*, que trata de la vida en un campo de entrenamiento de la fuerza aérea estadunidense donde han desarrollado un modernísimo helicóptero llamado Apache. Shulada de aparato; avienta balas por todos lados; puede subir y bajar en línea recta y perpendicular a velocidades meteóricas; tiene sensores, radares, detectores infrarrojos, medio baño y cocineta. Lo más shulo de todo es que el Apache está al servicio de la libertad, la justicia, la democracia y la higiene dental y sus pilotos son buenos, leales, justos, no fuman y mascan chicle *sugar free*. Como lo dice la misma película: son los modernos héroes estadunidenses. Están entrenando durísimo porque, al sur de la frontera, se van a reunir todos los capos del narco latinoamericano y los güeros han decidido propinarle un escarmiento definitivo a esta bola de pelados panzones bigotones. Nada dice la película de los capos estadunidenses e ignora también —supongo que por pudor— que tranquilamente van a invadir la soberanía de otros países. Estas boberías no significan nada para los modernos héroes que están luchando por la justicia. El final es previsible: los Apaches se desempeñan gloriosamente, los narcos evidencian que además de malos son brutísimos y los helicópteros estadunidenses obtienen una aplastante victoria sin más merma que unas cuantas abolladuras perfectamente reparables en la colonia Buenos Aires. Vista como comedia, la película es divertidísima. Lo que ya no fue tan divertido fue escuchar la noticia de la colisión de cuatro unidades de nuestra fuerza aérea que se disponían a dar su enésima vuelta por el cielo capitalino. Esto de traerlos vuelta y vuelta es una habilísima maniobra de nuestros mandos militares para dar la impresión de que tenemos un chorro de aviones. Es una técnica inspirada en las películas de Tarzán que filmaron en Puerto Marqués: los mismos lancheros prietos pasaban como cien veces por la pantalla para hacernos creer que eran todos los negros del África los que correteaban a Tarzán. Desgraciadamente algo falló en este desfile y de los ocho que teníamos ya nomás nos quedan cuatro. Moraleja: en el próximo pedido hay que exigir helicópteros Apache y no la maldita chatarra, armada con los restos de los aviones que pelearon en Corea, que es la que regularmente nos venden.

Grito sintético

Ya desde su paso por la Secretaría de educación pública, el doctor Ernesto Zedillo había manifestado su decidida voluntad de recortar a fondo la nómina de héroes nacionales. La casi unánime repulsa nacional hizo pensar a la sociedad mexicana que tal recorte se suspendía indefinidamente. Pues no. El 15 de septiembre, a las once de la noche, don Ernesto, que, hemos de reconocerlo, no andaba bien de voz (aunque sí de brazo, pues estuvo a punto de descuajarle el badajo a la historiada campana) decidió cargarse a los héroes de la independencia y mencionar únicamente a Miguel Hidalgo que, por lo visto, es el único que pasó la verificación. Yo, aun sin la venia presidencial, sigo simpatizando con Allende, el Pípila, Morelos, los Bravo y don Vicente Guerrero. A doña Josefa no la admiro; más bien quiero durísimo con ella. Con esta muestra de erotismo extemporáneo me despido no sin desearles feliz semana y que no les caiga un avionazo.

Septiembre 17, 1995

Enchiladas suizas I

Ha sido tal la demanda de servicios y tan explosivo el aumento de reservaciones (parece que hasta el año 2000 no hay vacantes), que el consorcio encargado de la operación y mantenimiento del penal de alta seguridad de Almoloya ha decidido internacionalizarse y abrir —mediante la venta de franquicias— una sucursal en Suiza (Almopezirk es el nombre del establecimiento). Si consideramos que Newaloya (la sucursal en Newark) está funcionando con todo éxito, no tenemos la menor duda de que esta filial europea estará muy pronto operando con números negros (negrísimos) y brindará a los malosos que gustan de viajar la misma atención personalizada, la privacía, el ambiente ejecutivo, la estrecha vigilancia y la atmósfera de meditación que son los rasgos distintivos de la matriz mexicana. Fuentes bien informadas nos avisan que los planes de expansión son ambiciosísimos porque, al parecer, la demanda potencial es muy amplia. Contra lo que pudiera opinar el ejecutivo, los mexicanos rateros que —por motivos de diversión, finanzas, trabajo, o calambre— viajan a lo largo y a lo ancho del planeta, son muchísimos. La mayoría de ellos (no por cabales, menos peniches) no están en posibilidad de viajar a México para ser aprehendidos. Considérese además, que se trata de personajes de muy alto nivel, acostumbrados a ese trato eficaz y rápido que, desgraciadamente, la PGR no está hoy en posibilidades de ofrecer. Varios de ellos han estado meses y felices años en México en espera de ser aprehendidos, pero ha sido tan largo y engorroso el trámite y el papeleo y las indagatorias que, hartos de esperar, han preferido marcharse al extranjero. No los culpo. A la fuga de cerebros, tendremos ahora que añadir la fuga de rateros que, cansados de aguardar su ratificación (la expedición de su certificado de ratas), toman sus dólares y se van a conocer el mundo. Todo esto, venturosamente, ya pertenece al pasado. Como parte de la frontal campaña de simplificación administrativa, a partir de este muriente 1995 ya no será necesario venir a México para disfrutar de los bienes y servicios de Almoloya. Si eres mexicano y puedes demostrar tu opulento historial criminal, serás atendido como si estuvieras en casa. Robas aquí y te aprehenden allá (aplican restricciones. Este paquete todavía no incluye Cuba).

Ya verás —lectora, lector queridos— que mi tambaleante mente se encuentra particularmente vagarosa. No es para menos. Vuelo en estos momentos rumbo a Hermosillo (el comandante Salum acaba de anunciar que, en veinte minutos, aterrizaremos) y no dejo de sentir chisporroteos cerebrales producidos por el asunto de los 84 millones de dólares, los pasaportes falsos, el eficacísimo desempeño de la policía (suiza) y el estupor, la indignación, el escándalo que toda esta porquería ha producido en México. Mi ya prolongada vida me ha enseñado que escandalizarse o enojarse no tan sólo no sirven para nada, sino que cancelan, o lastiman, el entendimiento. Por esto es que prefiero agarrarlo a chacota, aunque no dejo de condolerme por mi país, por su infinita vulnerabilidad, por su permanente condición de nación saqueada (les puedo asegurar que hoy hay muchos que están robándonos lo poco o mucho que quede). Casi no tengo respuestas. Abundo en preguntas. ¿Carlos Salinas no supo de las raterías de su hermano, o bien las prohijó y hasta las patrocinó? ¿Cómo pudo ser tan estúpido Raúl (su desplegado es un oneroso himno al cinismo) como para mandar a su esposa a una misión tan condenada al fracaso y al escándalo? ¿Paulina se aventó por su cuenta (parece que todo el problema fue porque pidió billete chico y no cabían ni en cinco camiones)? ¿Cómo puede la PGR declarar que ellos no tienen ninguna averiguación ni cargo al respecto? ¿Por fin el doctor Zedillo —con la obvia bendición estadunidense— se tirará a fondo, o nos va a dejar otra vez a la mitad? (¡Órale, don Ernesto! ¡Vámonos recio!) (Viene ahora una interrupción larga porque vamos a aterrizar).

Ya estoy en Hermosillo (el clima —me dicen— está "fresquito": 30 grados). Aquí también la raza está encabritada con el dueto folclórico de Paulina y Raúl. La gente me hace preguntas muy similares a las que enuncié líneas arriba. Creo que entre tanto enigma falta una pregunta clave: ¿por qué el pueblo mexicano ha permitido (y sigue permitiendo) que estos miserables (pasados y presentes, prófugos o en activo) nos quiten lo nuestro con tan absoluta impunidad? En medio de tanto malestar, encuentro, un consuelo. Santiago Oñate ahora sí ya se enojó y ha pedido una investigación a fondo; porque, si se llegara a comprobar la culpabilidad de Raulito (el cartero del aire), el PRI no tendrá contemplaciones y lo expulsará de tan prestigiada agrupación. Esos son castigos. Difícilmente Raúl resistirá una pena así. Lo que no sabe Oñate es que Raúl Salinas tiene ocho credenciales del PRI con distintos nombres. O sea que no va a ser tan grave. Lectora, lector querido: si ya nos robaron tanto, que no nos roben la alegría. Vamos a darle.

Noviembre 26, 1995

Enchiladas suizas II

Amiguitos: en el capítulo anterior de nuestra telenovela "Pasaportes al peligro" (o entre locos anda el juego) habíamos dejado al presunto villano Charlie Salt Factories (conocido en el trópico como Álvaro Navarro, o Alberto Limonta, o el Cocoloco) a punto de ser atrapado por las fuerzas del bien (que también pueden ser las del mal, o los emisarios del pasado, o los grupos de interés, o los narcomeseros, o el Mariachi Vargas de Tecalitlán, o las fuerzas inferiores del Necaxa). Acosado, perseguido por el fantasma de la inflación, triturado por el apoyo de su familia, enloquecido por no poder traducir al español las declaraciones de la excontralora, Charlie Salt Factories —un personaje al que jamás le faltarán recursos— decidió tomar una medida extrema: aprender redacción y enviarnos su primer ejercicio de narración fantástica. No está nada mal y los resultados han sido demoledores. Nombremos algunos: a) Ernesto Zedillo pasa a páginas interiores y nuestro personaje vuelve a las ocho columnas (que en realidad, jamás ha abandonado); b) los telespectadores, que ya llevábamos varios capítulos sin entender nada, ahora entendemos menos que nada (propongo la inmediata creación de un fondo de contingencia para el tratamiento intensivo de todos los damnificados neuronales de tan estrujante telenovela); c) algunos hechos muy posiblemente reales (intereses lesionados, rencor priísta, inocencia en el caso Colosio) se mezclan, como en toda buena fantasía, con afirmaciones delirantes (la principal: su desconocimiento de los infinitos enjuagues, cochupos y narcomaromas de su cleptohermano y demás parientes); d) la declaración de que, durante su gobierno, los narcotraficantes fueron "atacados con firmeza" tiene muy desasosegados a los telespectadores. Si "atacándolos con firmeza" crecieron y se multiplicaron con tan lujuriante abundancia, ¿qué hubiera pasado si no los ataca? A lo mejor se hubieran muerto de aburrimiento y se hubieran ido; e) un indudable logro melodramático ha sido la inclusión de Luis Echeverría en el reparto (no agrario, sino artístico). Un efecto así nadie se lo esperaba. La trama se complica (¿maaás?). Ahora resulta que el verdadero villano es ese señor de quijadas trabadas que salió hace unos meses retratado junto a Vicente Fox. Es un viraje narrativo genial: Echeverría, en México y en el extranjero, es junto con el finado López Moctezuma, uno de los villanos más solventes y aclamados de la tragicomedia nacional y, por lo mismo, resulta el cliente ideal para achacarle hasta el hundimiento del *Titanic*; f) lo que ya no resulta tan eficaz en este nuevo capítulo es el reparto secundario. Siempre pasa lo mismo: ponen a una estrella rutilante y la rodean de actores francamente chafas. Sin desconocer sus méritos delictivos, al telespectador le cuesta trabajo creer que Nachito Ovalle (¡Rock del angelito!) y Augusto Gómez Villanueva (cerebro vacante, diría Shakespeare) son las perversas mentes criminales que se han encargado de fraguar el vasto y maligno plan de desestabilización y desprestigio. Probablemente no les falten ganas, pero sería como encargarle a un carterista de San Juan de Letrán que asaltara Fort Knox. La tarea los rebasa; g) así como muchos de los actores nombrados resultan entre patéticos y risibles, los telespectadores (que ya no saben si reír o sacar otro pasaporte) echan de menos varias presencias, varios nombres que —quizá por la prisa— no son ni siquiera mencionados en este nuevo capítulo. Pienso por ejemplo en la sutil agresión que implica no referirse a Ernesto Zedillo, declararlo inexistente y convertir su candidatura en un mensaje colosista de ultratumba. Extrañamos también alguna mención de José Córdoba (el Robin de este Batman) y, en particular, la omisión de Cuauhtémoc Cárdenas y los cientos de perredistas asesinados durante el salinismo; h) Charlie revela que se muere de ganas de venir a explicar. ¡Órale! Nosotros no habíamos sido informados, pero aquí te esperamos. Favor de pasar a la PGR a rendir cuentas nacionales, personales y familiares. Y nosotros pensando que no querías venir. Mensaje final: ya me tronó el chip y, para peor, no estoy en la capital. Vendan (u ofrezcan en garantía) el BMW que tengo en la cochera y mándenme la lana. Me urgen unos electrochoques.

Diciembre 4, 1995

YA DIJIMOS

Faxes y faxes y faxes (pero también cartas, pero también telefonemas, pero también conversaciones aquí y allá). La voz de la ciudad. ¿De qué habla la ciudad? Mi percepción es que básicamente habla de que está urgida de abandonar esa mansa (y mensa) pasividad a la que ha sido confinada durante décadas con los resultados que están a la vista (y al oído y al olfato y al alcance de los pulmones). El mexicano tiene una particular sensibilidad que le permite reconocer ese momento en el que ya no es posible fingir demencia, o pereza, o minoría de edad. Los capitalinos, a punta de ozonazos, hemos decidido incorporarnos a las tareas de gobierno, pues hemos entendido que a estas tareas le tenemos que entrar todos y todos tendremos que sacrificar algo. Me parece que a esto se le llama democracia e igualmente me parece que la democracia mexicana no es tan shula como la presentó el doctor Zedillo en Europa. Cuestión de enfoques. Para decirlo más llanamente, lo que los capitalinos queremos es que nos pelen; que las autoridades no decidan declararnos inexistentes, o irrelevantes, o amenazantes. Si somos buenos para pagar el predial y las tenencias, tenemos que ser igualmente buenos para demandar y participar. Queremos discutir de manera amplia, razonada y democrática cuestiones como:

transporte escolar obligatorio (aunque para esto se requiera de un subsidio que bien podría obtenerse de ivas, prediales, tenencias, etcétera); reglamentación o prohibición de marchas (¡ya no marchen!); tránsito exclusivamente nocturno de camiones de carga y foráneos; paraderos fijos para taxis; obligatoriedad en el uso del convertidor catalítico; reforestación y recuperación de áreas verdes (todo lote baldío tendría que ser área verde); legalidad plena y vigilada de la verificación; renovación del parque vehicular; racionalización de la vialidad (semáforos, topes, valet parking, vueltas en u y a la izquierda, dobles y triples filas; mercados sobre ruedas e invasiones del ambulantaje); incentivos al transporte eléctrico; seguridad para peatones y ciclistas; creación de más zonas peatonales; premiar a los automovilistas que no contaminan y que se organizan para viajar en grupo; horarios corridos o escalonados para escuelas y oficinas; reglamentación del uso de la basura; creación de un nuevo aeropuerto; campañas de concientización para los niños y para esos adultos que actúan como niños; recuperación y revisión de las iniciativas de Heberto Castillo acerca del aprovechamiento del agua y la ventilación de la ciudad; verificación de transportes oficiales y reducción al mínimo de los autos escolta, los servicios de mensajería y de todo transporte no indispensable; solución a fondo del problema del fecalismo al aire libre; diálogo permanente entre las autoridades y los ciudadanos; creación de organismos mixtos (autoridades, ciudadanos, expertos y medios de comunicación) que supervisen y difundan la instrumentación y cumplimiento de todas y cada una de las acciones que se emprendan para el beneficio común…

Esta lista no es exhaustiva y, de hecho, sigue creciendo. Lo que aquí has leído, dominical lector, es una síntesis organizada cuantitativamente de las propuestas ciudadanas que, para horror del Tamal y la Tractor, han llegado a este otrora idílico y monástico búnker.

Oye, gobierno

El problema de la contaminación de una ciudad con las características geográficas y poblacionales que tiene México es un hecho inédito en la historia. Es una enorme amenaza real y presente. A nadie perdona y a todos atañe. Es imprescindible (e impostergable) que nos escuches. No queremos estar ni frente a ti, ni contra ti; queremos dialogar de igual a igual. Para esto necesitamos que nos respetes como adultos que somos, que nos informes con verdad y con oportunidad, que te olvides de "costos políticos" y que asumas plenamente tus tareas de convocatoria, de reglamentación, de educación, de honestidad, de comunicación y de administración óptima de los esfuerzos y de los sacrificios que todos tendremos que hacer. Ni siquiera te decimos que queremos volver a ser como antes; esta ciudad tiene que ser tan limpia, tan organizada y tan grata como nunca antes. Si quieres, en el 97 nos seguimos peleando. Hoy, febrero del 96, te exigimos que abandones ya tu pose autoritaria, prepotente y de "yo-lo-sé-todo-y-yo-lo-decido-todo-y-yo-sé-cómo-hacerlo" (¡bájale, manito!) y te pongas a platicar y a trabajar junto con nosotros. Nosotros a cambio vamos (estrictamente en materia ambiental) a olvidar lo que nos ofendimos y a hacer de cuenta que hoy nos conocimos. ¿Sale? Dale una pensadita, pero no te tardes mucho. Nosotros aquí estamos friegue y friegue y friegue.

Oye, ciudadano

John Locke decía que gobernar es transformar hábitos. Me parece una afirmación luminosa. Para que el gobierno de esta ciudad tome por fin el camino más derecho y eficiente posible rumbo a la recuperación y el bien común, necesita transformar sus hábitos; pero, ¡aguas, ciudadana y ciudadano!, nosotros también somos gobierno (y hemos abdicado muchas veces y muchas otras hemos gobernado mal nuestros territorios). Nosotros también necesitamos transformar radicalmente nuestros hábitos y darle a nuestros hijos, a nuestros árboles, a nuestras calles, a nuestra basura, a nuestras flores, a nuestros edificios, a nuestra múltiple historia, a nuestra difícil agua, a nuestro ofendido cuerpo y a todo lo que de nosotros depende, un mucho mejor gobierno. Si vamos a exigir, comencemos por exigirnos. Aun en mitad de lo gris, nuestra ciudad es un dulce prodigio que merece ser salvado y disfrutado. ¿Que hay muchas cosas que están muy mal? Por supuesto. ¿Que hay miles de tareas que podemos emprender? Por supuesto. Vamos a trabajar. Aprendamos a gobernarnos. Cuando, por invitación y esfuerzo nuestros, regrese lo azul, tenemos que hacer un santo pachangón con baile y todo. Si se portan bien (y sólo si se portan bien) invitamos a las autoridades. Esto apenas comienza...

Febrero 3, 1996

El guardián de mi hermano

¿Acaso soy yo el guardián de mi hermano? Éstas son palabras del Antiguo testamento (Cf. *Génesis* 4,1-16) que llegaron (para quedarse) muy tempranamente a mi vida. Quizá fue mi madre la primera que me contó esta historia, o puede haber sido mi maestro de "moral" del Instituto México allá por 1951. No lo sé, pero lo cierto es que la terrible historia de Caín y Abel es parte de mi propia historia. El curioso lector que quiera ahondar más en la vasta tiniebla de este primer crimen puede leer las páginas que Jack Miles le dedica en su fascinante libro *Dios. Una biografía* (Planeta). Caín, que es labrador, mata a su hermano Abel, que es pastor. El motivo de este crimen es misterioso (como el de todo crimen) aunque se enmascara de envidia y mezquindad (pero no todos los envidiosos ni todos los mezquinos disponen de la vida de su hermano y, si lo hacen, es en un incruento acto simbólico que, puestos a especular, podría consistir, por ejemplo, en mirar para otra parte cuando cometen uno o muchos delitos y en librar luego al consanguíneo a su propia suerte). Derramada la sangre, Caín trata de huir de la mirada de Yavé. Imposible. La mirada y la voz del todopoderoso lo alcanzan y, no sin una pizca de sorna, Yavé le pregunta a Caín por su hermano. Es aquí donde entra la infantil, la extraña, la ingenuamente tramposa, la humana respuesta: ¿acaso soy yo el guardián de mi hermano? Por estrictas razones biográficas estas palabras han estado siempre encendidas en mí. Yo fui durante 30 años el guardián de mi hermano. Él estaba enfermo (como todos, dirían Thomas Mann, Heidegger y Camus) y agonizó a lo largo de esos años. Mi triste tarea (que triste y todo, me enseñó la alegría, el poder de la palabra y los inmensos fueros de la imaginación) fue cuidarlo y, como decimos en México, mirar por él. A unos cuantos meses de su muerte, cayó en mis manos un libro de Estanislao Joyce, el oscuro hermano del deslumbrante y deslumbrado James, cuyo título, *My brother's keeper* anunciaba una historia no muy diferente de la mía (y de la de tantos), aunque en tono muy distinto y muy irlandés (dublinense, diría yo). Estanislao vivió su triste tarea como una condena; yo también la viví así, pero la vida fue lo suficientemente generosa conmigo como para permitirme transformar (y aquí Dante Alighieri tuvo su parte) el infierno en paraíso. Y basta de preámbulos. A lo que quiero llegar es a la tersa, pulida, cómoda, cordobizada "entrevista" que el deslumbrante y deslumbrado Carlos Salinas concedió a *Reforma*. Aún no he leído la tercera parte y es obvio que no he tenido acceso a las respuestas que el expresidente dio en el oportuno (para él) interrogatorio que la PGR le hizo a domicilio y previa cita. Todo novelista (y Salinas tiene un buen rato de solicitar su admisión a este gremio) tiene que ser leído por lo que dice y por lo que deja de decir; por lo que su memoria (o imaginación, o las dos) decide recordar o no recordar. En las dos primeras partes de la "entrevista" habría múltiples renglones que nos permitirían hacer un ejercicio a este respecto. Me detengo en todo lo que el enigmático don Carlos (el hermano más incómodo del hermano incómodo) declara (¿redacta?) en referencia a Raúl Salinas de Gortari. En una síntesis que no me parece tramposa, las respuestas de Salinas enuncian y modernizan la airada y culpable tontería de Caín: ¿acaso soy yo el guardián de mi hermano? Yo, quizá por taras biográficas, le contestaría: por supuesto que tendrías que haberlo sido; máxime si tomamos en cuenta que fuiste un todopoderoso presidente de la república y, como bien me consta, no se movía la hoja del árbol sin que tú te enteraras; pero, además, no estamos hablando de un asunto menor, se trata de fraudes, robos, complicidades, tráfico de influencias, delitos monstruosos y de toda índole; tampoco olvides, ahora que tan dispuesto te muestras al olvido, que en tus manos estaban el bien de la república, la vigilancia del recto ejercicio de la justicia, el cuidado de la casa común para que en ella no entraran los ladrones, los prevaricadores, los criminales. ¿Dónde estabas, Carlos, a la hora de los delitos y la sangre? ¿Si Córdoba dice que él jamás se enteró de nada irregular y, con buena prosa, tú dices lo mismo entonces quién gobernaba?... "Ahora, pues, maldito serás de la tierra, que abrió su boca para recibir de mano tuya la sangre de tu hermano. Cuando la labres, no te dará frutos, y andarás por ella fugitivo y errante." Así dijo Yavé a Caín. ¿Qué diremos nosotros? Señor Salinas: ¿qué dirá su corazón?

Enero 30, 1997

¡Panista!

Así me gritó un esforzado y anónimo caballero. Tan enorme valentía se vio doblemente reforzada porque él se hallaba confundido entre los parroquianos y porque yo me encontraba tramitando en escena la última parte del delirio nostálgico-pachanguero-musical titulado *Cuando tenía 20 años*. "¡Panista!", me gritó y yo me enojé muchísimo porque oí "priísta" y eso sí calienta. Algún compañero de escena me aclaró que lo que me habían dicho era "panista" y de inmediato me sosegué. Por supuesto que no soy panista y tengo muchas diferencias (si pongo "diferendos" se enoja don José Córdoba con justa razón, porque tal palabra no existe) con el partido blanquiazul, pero de aquí a pensar que el ser llamado panista pueda constituir un insulto hay un largo trecho que no pienso recorrer. Me lo impedirían el ejemplar recuerdo que conservo de Adolfo Christlieb y el afectuoso respeto que tengo por Carlos Castillo Peraza. Todo esto lo pensé en unos cuantos segundos que me permitieron recuperar el sosiego. "¡Demagogo!" (de las raíces griegas demo —pueblo— y agir: conducir; por extensión, "político que lisonjea con sus discursos o actuación a la masa para atraérsela." Cf. María Moliner, *Diccionario del uso del español*) gritó ahora el penumbroso valentón. Mi bilis, que ya iba de regreso a sus naturales quicios, volvió a entrar en ebullición y, muy de acuerdo con el espectáculo, recuperé mis 20 años cabales: "¡te espero a la salida!", le dije al anónimo adjetivador. Ustedes, que ya me conocieron de edad avanzada, no tienen por qué saber lo mucho que me gustaba liarme a golpes con cualquiera que quisiera agarrarme de su menso. Casi siempre me sonaban, pero yo con todo y moretones y hemorragias nasales quedaba de lo más tranquilo. Por la vía del trompón adquirí además muy buenos amigos y, de vez en cuando, hasta obtuve algunas victorias. Recuerdo ahora a un exquisito compañero de Filosofía y letras que se dedicó a ironizar con la peor leche del mundo, mientras yo leía un trabajo en el seminario de crítica literaria. Cuando acabó la sesión, lo esperé a la salida y, desoyendo su petición de que tuviéramos un diálogo de altura, me lo surtí hasta que me descansaron el brazo y el alma. Todavía el día anterior a mi primer matrimonio, me aventé una sopa con un taxista que se me cerró de la manera más pelada. Les juro que iba yo ganando hasta que el taxista agarró la llave de cruz y me pegó una corretiza que me permitió conocer los más ignotos lugares de Coyoacán. Vinieron después los años pacíficos, el infarto y el invaluable consejo de mi cardiólogo: "Germán, no hay nada más estúpido que morirse discutiendo con un imbécil". Todo esto lo olvidé instantáneamente: terminó la función, salí veloz como la luz a buscar al felón. Para bien de los dos, el intrépido personaje ya había pasado a retirarse. Regresé, pedí una copa de vino tinto y, ¡por fin!, me puse a pensar: yo no soy político; no estoy particularmente interesado en ser conductor de masas y, lejos de querer decirle a la gente lo que quiere oír, me importa mucho más comunicarle la enorme responsabilidad que tenemos todos aquellos que, aun sin militar en ningún partido, hemos sido cómplices pasivos de la infinita depredación e indignidad que se han enseñoreado en este país. Todo este horror sigue y seguirá, no tanto por los políticos ladrones (que siempre existen) sino por los ciudadanos pasivos y bovinos que permiten su florecimiento y, llegado el caso, se vuelven sus socios minoritarios. Otra cosa pensé: hoy menos que nunca podemos aceptar la provocación y dejarnos ganar por la ira. Todo enojo enmascara una inseguridad o una derrota del raciocinio. Ya bastantes iracundos tenemos en este país como para que su Charro Negro, cuyo territorio natural es la pachanga, se incorpore a las tristes filas de los biliosos. Conclusión. Anónimo (quizás etílico, quizá priísta, obviamente calumnioso) caballero, le pido perdón por haber condescendido a ingresar a sus fangosos terrenos que no son —no pueden ser— los míos; ojalá y no regrese, pero si regresa, me lo surto. Bien dice Savater: lo único racional que podemos hacer es aceptar que somos irracionales.

Febrero 6, 1997

Un domingo en la tarde

Esto habrá ocurrido en los primeros días de 1988. Carlos Salinas era ya el candidato oficial del PRI; el PAN había postulado a Maquío y el PSUM hacía campaña en favor de Heberto Castillo. Yo hacía *mein klein kampf* (mi luchita) desde un ínfimo y magnífico lugar llamado "El Unicornio". En ese breve y soberano espacio habíamos organizado reuniones, cenas, conciertos para apoyar la candidatura del ingeniero Castillo. Así las cosas, no me extrañó que me llamaran para solicitarme el changarro para una reunión urgente que se realizaría el domingo en la tarde. Mi única objeción era (y sigue siendo) que las reuniones políticas son muy aburridas. ¿Por qué no suavizamos un poquito los rigores de la grilla con poemas y canciones mexicanas?, yo convoco a mis huestes melódicas, ofrecí. Como suele suceder: me agarraron la palabra y conseguimos llenar el lugar a su máxima capacidad. Por supuesto que la convocatoria corrió a cargo de Heberto Castillo, cuya decencia, rectitud e inteligencia le habían granjeado, a lo largo de muchas décadas, el respeto y el apoyo incondicional de miles de mexicanos (aun el de un greñudo jovencito que lo defendió en los aciagos tiempos del 68. Ese jovencito se llamaba

Ernesto Zedillo). Los que estuvimos presentes en "El Unicornio" aquella tarde dominical no olvidaremos jamás lo que ocurrió: Heberto Castillo nos comunicó sus razones para renunciar a la candidatura en favor de Cuauhtémoc Cárdenas. Con estupor, con tristeza, con admiración, con molestia, con llanto, con alegría; con todo eso reaccionamos los que escuchábamos a Heberto. Hubo música veracruzana y hubo música de Michoacán. Ya he olvidado lo que, con voz ahogada, dije aquella tarde; lo que recuerdo es que sólo tenía ganas de abrazar a Heberto por este gesto que tan nítidamente concentraba la nobleza y el patriotismo de su corazón. El PRI, el sistema, los dinos y los tecnos, según su pétrea y descerebrada costumbre, se rieron de nosotros (se siguen riendo). Vino luego el inolvidable mitin en CU, la creciente campaña, las elecciones, Jorge de la Vega abalanzándose a proclamar el triunfo de Salinas, Manuel Bartlett ingresando por la puerta grande a la historia de la estupidez nacional con la broncínea declaración: "Se cayó el sistema". El equipo salinista afanado locamente en la compra de voluntades y de apoyos y el fatigoso y abyecto proceso de "calificar" una elección incalificable. Con los paquetes electorales incinerados por voluntad salinista, nadie puede asegurar hoy que Cárdenas ganó; nadie puede (y, a la vista de los resultados, nadie quiere) asegurar tampoco que el ganador fue Salinas. Lo único que queda claro, para no variar, es que México perdió una vez más la oportunidad de mirarse con claridad. Mientras escribo esto, se cuelan dos correos electrónicos: el primero contiene una irónica súplica de un matrimonio que quiere pedirle al presidente Zedillo que haga más giras por el DF porque es el único modo de obtener el cuidado, el mantenimiento, el embellecimiento de tal o cual lugar de nuestra capital; en el segundo, un habitante de San Ángel le pide al rey de España que visite todas las plazas de la ciudad para que las dejen tan limpias y bonitas como la de San Jacinto que acaba de ser visitada por mi reinita y por mi rey. El poder cosmético del poder ejercido al mexicano modo. Vuelvo con Heberto: a él le tocó mirar (y defender) al México sin maquillaje; conoció las pillerías del petróleo y las denunció; empeñó su vida entera en restaurar a fondo la dignidad y la belleza de este país; veracruzano ilustre, vivió lo suficiente para enterarse de que Veracruz ya ocupa el primer lugar en pobreza extrema; comprometido con la causa de la paz digna en Chiapas, conoció el fracaso de sus afanes; tranquilo siempre, sonriente siempre, esperanzado siempre, decente siempre, la muerte acaba de encontrarlo, a él que siempre estaba caminando y descifrando los males del herido corazón de México. En estas ocasiones se suele decir: descanse en paz. No creo que sea tan fácil. El exaltado, el mexicano corazón de Heberto Castillo sólo descansará en paz cuando nosotros, los que aún permanecemos, cumplamos su firme voluntad de restaurar la república y arrebatarla de las manos de los bribones que la tienen secuestrada. Heberto: desde aquel domingo te debo un abrazo de todo corazón.

Abril 6, 1997

Mi sufragio efectivo

Alrededor de las nueve de la mañana, reciamente escoltado por la Rubia Misteriosa, Jimena, la audaz fotógrafa de *Reforma*, Luisa María la colada y el fiel Pancho (tendría que haber llevado un cardiólogo para que no me pasara lo que dicen que le pasó al Señor de los Cielos) me presenté a votar en la casilla ubicada en la esquina que forman avenida San Jerónimo y avenida de las Fuentes. Todo tranquilo. Los escasos asistentes estábamos en la chinguiña (en portugués: pequeña molestia) electoral. Muy propios, los funcionarios de casilla localizaban nombre y fotografía en el listado y me entregaban cuatro boletas; con ellas en la mano, me interné en el cubículo de votación y, antes de depositar mi voto, pensé en Maximino Ávila Camacho, en los triunfalismos de Alemán, en la infinita fealdad de alma de Gustavo Díaz Ordaz, en mis amigos muertos en Tlatelolco, en las imbecilidades de Luis Echeverría, en el saqueo generalizado a partir de Miguel de la Madrid y así, con el ímpetu del que quiere clavar la estaca en el corazón del vampiro, ejercí mi voto y no crucé ni una sola vez el logotipo tricolor. Tan absurdo como pretender la perpetuación del PRI en el poder, sería dar por hecha su desaparición instantánea. Esto es hablar de simplismos y de tonterías. Si yo ciudadano, en la actual coyuntura, no voté en ningún caso por el PRI, es porque considero que sus únicas vías de regeneración y de recuperación de su muy rescatable sabiduría política, pasan por la convivencia con otras fuerzas y por el ejercicio de las tareas opositoras. Salía yo de mi casilla y se me apareció Fidel Velázquez: a balazos llegamos y sólo a balazos nos iremos. No necesariamente, don Fidel, a balazos llegaron, con muchos balazos de plata y de plomo se mantuvieron, pero hoy se hace posible que comiencen a irse a golpe de votos. Eso pensé y con este pensamiento logré que el espectro se disipara.

Del tingo al tango

Digamos que hasta 1960, a mí me podían dejar en cualquier rumbo, en cualquier barrio de la ciudad y en unos cuantos minutos me podía ubicar y encontrar alguna vereda de regreso. Hoy ya me cuesta más trabajo. Visité casillas en Xochimilco, San Ángel, plaza San Jacinto, Azcapotzalco (la casilla se ubicaba en la simbólica confluencia de Plan de San Luis —redactado por el apóstol de la democracia ayudado por López Velarde— con la calle de Boldo (que es una planta muy usada para preparar esos tranquilizantes tecitos que, según imagino, Roque Villanueva se dispone a consumir). Dos presencias infaltables en todas las casillas: los policías que, a distancia, vigilaban de buen modo los comicios, y niños emperrados en votar en las casillas de los mayores. El Charro Negro y su tropa loca visitaron específicamente varias casillas infantiles y en todas ellas pudimos comprobar el chincual y el entusiasmo que en moconetas y moconetes despertaba el noble ejercicio electoral (me imagino a varios minitenochcas haciendo ratón loco y votando en cuanta casilla tuvieran por delante). De Azcapotzalco nos fuimos a la Gustavo A. Madero (mártir también de la democracia) y tuve el gusto de que me corrieran de varias casillas por no estar debidamente acreditado y por llevar unos lentes oscuros como de mafioso guerrerense. Mi consuelo fue amistarme con un policía que también traía lentes oscuros y que, reconociéndome como uno de los suyos, accedió a tomarse una foto conmigo. El sol brillaba, la ciudad estaba en paz, los caminos despejados y Pancho se desplazaba a velocidades vertiginosas. Puentes, postes, avenidas y bardas eran ya la ridícula vitrina de los jirones de una campaña que, ¡gracias a dios y gracias a nosotros!, ya había terminado y terminaba en paz. En Iztapalapa la votación era copiosa y las urnas estaban rebosantes de votos. En una fila esperaban 22 ciudadanos: 11 hombres y 11 mujeres. Mayor democracia no puede haber. Actos fraudulentos no percibí ninguno (Mariví Llamas, la chica maravilla y su fiel compañero, sí atestiguaron la entrega de despensas, funcionarios priístas de casilla que desaparecían con todo y el padrón con fotografía; pero, en general, fue mucho más lo positivo lo cívico y lo rescatable que las patéticas pillerías de última hora). En las casillas especiales la gente, al igual que en el 94, se quejaba de la falta de documentación; algo así sucedió en las casillas infantiles, donde los niños amenazaban con tomar la ciudad de México ante la falta de boletas. A las tres de la tarde, terminó mi periplo: había que escribir esta historia, había que comer algo (tres tacos de nopalitos y dos quesadillas) y había que zarpar al programa de radio. La ciudad estaba en paz.

"Mi esperanza" (carnitas)

Este acreditado expendio está en Azcapotzalco. Jimena (que me mira como si yo estuviera loco) me tomó una foto bajo la marquesina de la negociación. Ella, a lo mejor, no sabe que mi esperanza se llama México. Al salir de mi programa a las ocho de la noche, oí por todas partes un resultado extraoficial que hablaba de 45 puntos para Cuauhtémoc, 23 para Del Mazo y 18 para Castillo Peraza. Unos cuantos minutos después, Felipe Calderón anunciaba que, de acuerdo con las encuestas preliminares, el PRI había perdido la mayoría absoluta en el Congreso y el PAN llevaba la delantera en las elecciones para gobernador de Nuevo León y de Querétaro.

Habrá que ver y habrá que celebrar. Yo estimo por igual la tenaz reciedumbre de Cuauhtémoc y la decente inteligencia de Carlos Castillo. Cualquiera que hubiera ganado (a Del Mazo lo mandaron a la guerra) recibiría de mí el mismo mensaje: "Felicidades; cuenta con mi apoyo crítico; te voy a fregar y a criticar desde el principio hasta el final de tu gestión". Mucho más allá de los partidos (¿verdad, Enrique Krauze?) hoy ganamos los que siempre habíamos perdido. En espera del resultado definitivo, hoy me dispongo a dormir sabiendo que debajo de mi sueño hay un país nuevo. Cuando despertemos, el dinosaurio ya no va a estar ahí. Tiempo de trabajar.

Julio 6, 1997

Caminando por Beirut

La expresión es de mi cardiólogo y se refiere a la situación emocional propia de un posinfartado. La muerte se vuelve algo tan real, tan visible y tan cercano que tendrán que pasar muchos meses para que la aterida y blanca imagen se vaya diluyendo en la conciencia. A lo largo de estos días interminables, la vida sabe como a pechuga de pavo sin aderezo y baja en calorías; es decir: a puritito trapo. No hay malestar, o contratiempo, o punzadita, que no sean de inmediato interpretados como el anuncio inminente de una nueva catástrofe. Se camina por la vida, diría mi cardiólogo, como quien camina por Beirut, y el aterrado peatón presiente que, en cualquier momento, pisará una mina y volará en pedazos. Por ventura el tiempo ha sido clemente conmigo y, desde hace dos o tres años, no me visita tan molesta y oriental sensación. Sin embargo, presiento que ahí viene de regreso y ya no tanto como un malestar individual, sino como un desasosiego colectivo. Una sociedad no puede acumular impunemente tantas indefiniciones, tantos atisbos de que las cosas no son como nos las comunican; tantos crímenes políticos sin resolver; tantas matanzas que parecen hablar de un poder paralelo con mucha mayor capacidad de fuego, de impunidad y de compra (conciencias, armas, vidas) que la del poder visible e instituido; tantas osamentas tantos charlatanes tantas "cartas póstumas" y, para rematar, las filtraciones que nos avisan que también el otrora sólido edificio del Ejército tiene cuarteaduras. Añadamos también el absurdo interregno del DF donde Cuauhtémoc no acaba de llegar (ahorita está en Argentina en una academia de tango que le recomendó Espinosa) y el antiguo régimen no se acaba de ir, el problema indígena más atorado que nunca, el gabinete económico insistiendo en que no variará su proyecto (como si el nuevo Legislativo y las nuevas fuerzas estuvieran pintadas en la pared cual mural de Cacaxtla); los deudores que cambian su deuda por más deuda (y unas cuantas palizas), el desempleo que ahí sigue, los partidos políticos más partidos que nunca, el deterioro ambiental y los millones de pobres que siguen acumulándose. Todo esto, más lo que muy sicoanalíticamente se me olvida, es la lluvia ácida que comienza a caer sobre la conciencia de un mexicano que despierta. No, no es raro que todos sintamos que andamos caminando por Beirut. Algo tendremos que hacer para recuperar la firmeza. De algún modo tenemos que lograr que lo caduco y moridor termine por desaparecer y que lo nuevo y esperanzador se imponga y florezca. Es horrible caminar por Beirut.

Agosto 7, 1997

Nuestra toma de posesión

Así, de entrada, pido mil perdones a mis muy queridos lectores de los estados, pero esta sección celebra un júbilo estrictamente capitalino: nuestra toma de posesión como ciudadanos. Creo que, acostumbrados como estamos al liderazgo unipersonal y a la concentración del poder en un sólo individuo, no hemos reparado lo suficiente en el hecho de que la mera toma de posesión de Cuauhtémoc Cárdenas, libre y legalmente electo por la ciudadanía, nos da a nosotros, por el hecho mismo, la condición de ciudadanos que por tanto tiempo nos había sido escatimada (y que conste que todavía faltan varios derechos por conquistar). Ahora tenemos gobierno y somos gobierno. Cuando era el presidente el que, según sus abundantes o escasas luces, designaba al regente de la ciudad, resultaban de algún modo explicables la indiferencia, la abulia y la animadversión de los rejegos gobernados frente a las autoridades. Actitudes así carecen ahora de sustento, hoy gobierna el hombre electo por la mayoría de los ciudadanos y su compromiso es gobernar para todos; el nuestro es ser parte de ese gobierno y colaborar con todas las tareas de construcción y señalar e impedir todo lo que encontremos de fallido o de nocivo. Supongo que para muchos todo esto suena a delirio guajiro. Durante mi programa de radio del viernes, recibí varios telefonemas que decían cosas como "yo no sé por qué le dan tanta importancia a la toma de posesión de ese señor; quiero ver qué hace con este monstruo de ciudad". Esto es lo que yo llamo una actitud positiva; lo único que no entiendo es a quién puede darle gusto que la ciudad (nuestra casa) persista en su actual deterioro o que todavía se deteriore más. A mí no. Yo no asistí a la toma de posesión (la vi por televisión), yo no me incorporé a la "verbena popular", yo no asistí a la cena de gala, yo no tengo (ni aspiro a tener) ningún puesto oficial en el equipo de gobierno de Cuauhtémoc, pero me siento representado por él; siento —y así lo comentaba con María Victoria Llamas— que algo hicimos para que este cambio se operara en la ciudad. En 1993 ella, Federico Reyes Heroles, varias organizaciones ciudadanas y su Charro Negro organizamos un plebiscito para preguntarle a la gente si la ciudad de México debía o no elegir a sus autoridades. Este ejercicio ciudadano nos ganó una sonrisa condescendiente de Manuel Camacho y la franca animadversión de muchas autoridades; los frutos de ese trabajo se cosecharon el 6 de julio de 1997. Por eso, y por tantos afanes más, a lo largo de todo el viernes 5 de diciembre, mientras iba y venía de mi corazón a sus asuntos, sentí que yo también estaba siendo promovido y que yo también estaba tomando posesión del difícil cargo de ciudadano que me impulsa a no ser víctima, sino protagonista del gobierno de mi ciudad. Conozco mis tareas y entiendo que una de ellas es la crítica, pero también que muchas otras apuntan hacia la recuperación, la reconstrucción y la edificación de la esperanza para esta urbe monstruosa y maravillosa que merece un destino mejor que el de morir ahogada en ozono y ganada por la violencia. Por supuesto que me da gusto que Cuauhtémoc haya tomado posesión, pero me da todavía más gusto que millones de súbditos hayamos comenzado a ser ciudadanos. Me interesa que Cuauhtémoc cumpla, pero me interesa mucho más que todos los capitalinos nos cumplamos y le cumplamos a nuestra ciudad.

El equipo

En TV Azteca platicaban Sergio Sarmiento y Héctor Aguilar Camín. Este último opinaba que el equipo del ingeniero Cárdenas era inexperto e improvisado. Es posible. Lo mismo podría decirse del de Jesucristo o de los esmeraldas del León (por no hablar del actual gabinete presidencial). Yo no sería tan pesimista. Nada más de pensar en los que podrían haber estado, ya experimento un cierto alivio con los que están. Este alivio se convierte en entusiasmo al contemplar muy particularmente al sector femenino que gobernará con Cárdenas. Son mujeres de primera y, por pura amistad, escojo a Clara Jusidman como ejemplo de la exacta conjunción que necesitamos entre inteligencia y vocación de servicio. Por supuesto que me asusta la falta de serenidad y la inestabilidad de Samuel del Villar, cuya resistencia a la presión es inferior a la de un globo de Chapultepec; me aterra ver por ahí al señor Bejarano, dinoclientelista de largo historial, y a varios más que no han sido notificados de la caída del muro de Berlín y se aferran a una izquierda que ya sólo existe en el país de Oz; me alegra la presencia del intachable Carlos Albert en Deportes y de los Buenrostro, que son gente de bien. A muchos ni siquiera los conozco, pero ya los iré conociendo, y a muchísimos otros que ni siquiera figuramos los conozco muy bien y sé que nos vamos a partir el alma con todo gusto para que esta ciudad vuelva a ser nuestra y no de los rateros. Es diciembre y la voluntad de paz empieza a ganarnos. Así sea.

Diciembre 7, 1997

No le creo

Hace unas semanas, cuando desde distintos medios convocamos a una marcha contra la violencia y la impunidad, Federico Reyes Heroles, en las palabras finales de su colaboración semanal escribió estos (o similares) conceptos: "Nos veremos en la marcha contra la violencia aquí y en Xenalhó". Meses antes, un respetable jesuita nos visitó en "La Planta de Luz" y nos habló de la violencia que privaba en esa zona de Chiapas y nos comentó que, de no reanudarse el diálogo y de no tomarse medidas drásticas contra los grupos paramilitares del PRI (esa expresión usó), la violencia podría ser todavía mucho mayor. Hace unos cuantos días, Ricardo Rocha nos mostró la situación de abandono, pobreza y desvalimiento en la que viven los chiapanecos que van huyendo de esta violencia. Señor presidente: no le estoy hablando de fuentes restringidas de seguridad nacional; ni siquiera le estoy hablando de "eso" que los periodistas platicamos en corrillos, redacciones y pláticas confidenciales; le estoy hablando de lo que puede saber un ciudadano común que lee periódicos, asiste a lugares de reunión y, de vez en cuando, se asoma al lado inteligente de la televisión. Por esto, precisamente por esto, me cuesta tanto trabajo creer en su tono de sorpresa y escándalo ante la matanza (el reporte es de la Cruz Roja) de 21 mujeres, 14 niños, un bebé de dos meses y nueve hombres adultos, ¿en dónde cree? En Xenalhó. En su comunicado de cuatro minutos difundido hoy, 23 de diciembre, utiliza usted, para calificar el hecho, tres adjetivos lapidarios: cruel, absurdo, inaceptable. Estoy de acuerdo, pero yo añadiría otros adjetivos: evitable, previsible, inútil y maligno. Líneas adelante, usted dice: "El gobierno de la república no permanecerá pasivo…" Pregunta: ¿no permaneció pasivo mientras pudo en el caso de Aguas Blancas; no ha permanecido pasivo frente a los miles de agravios que por vía violenta ha recibido la sociedad mexicana; no lleva meses de pasividad desde la ruptura del diálogo en Chiapas; no permaneció pasivo ante todas las señales de violencia que llegaban de Xenalhó? Por todo esto, no le creo. Habla usted también de "todo el peso de la ley" y del "fincamiento cabal de responsabilidades". Vuelvo al caso de Aguas Blancas y de su compadre Figueroa; pero también al de los dispendios de Madrazo y al Cardenal Posadas, a Luis Donaldo Colosio, a José Francisco Ruiz Massieu, a Polo Uzcanga, a los secuestros, a las desapariciones, a los muertos del Ajusco, a la violencia que campea por todo el país. ¿Se ha aplicado todo el peso de la ley? ¿Se ha hecho un fincamiento cabal de responsabilidades? Puesto que la respuesta es negativa, le reitero, señor presidente, no le creo. En otro momento de su mensaje, dice usted, doctor Zedillo, que "los recursos en este momento a disposición del gobierno del estado son insuficientes..." ¿Hay gobierno en el estado? ¿Posee alguna autoridad moral el señor Ruiz Ferro? ¿Se trata de enviar más tropa y cumplir el senil deseo de Fidel Velázquez de arrasar con los inconformes y que la injusticia y la explotación vuelvan a reinar? Señor Ernesto Zedillo: por supuesto que no lo acuso de haber ordenado la matanza; mi querella contra usted es que, siendo el depositario de la paz y la armonía de este país, ha procedido usted con lenidad y con negligencia y, por lo mismo, cuando anuncia tardíamente su voluntad justiciera, no le creo.

Diciembre 23, 1997

AÑO DEL 97

Presente lo tengo yo. ¿Y cómo no tenerlo presente, si a lo largo de sus meses, lo peor y lo mejor de México se hicieron patentes? Dos acontecimientos cristalizan estos dos Méxicos vivos, reales, enfrentados, excluyentes: la matanza de Chenalhó y las elecciones del 6 de julio. Quien no pueda entender que estos dos asuntos coexisten y son las dos caras de nuestro país —águila o sol—, todavía no entiende nuestro desgarramiento fundamental y fundador. Civilización y barbarie, dijo Domingo Faustino Sarmiento para nombrar las posibilidades de su destino sudamericano que, bien lo sabemos ahora, nos abarca también a nosotros. Si en julio, al margen de ganadores y perdedores, pudimos atisbar la confortante cercanía de la civilización, en diciembre la barbarie nos enseñó su indescifrable rostro. Concluye el año y la mayoría de nosotros no deja de advertir que la moneda está en el aire y que, si bien somos muchos y muy visibles los que apostamos por la civilización, la barbarie sigue ahí con sus múltiples rostros y como tentación permanente. Y si sólo habláramos de Chenalhó, pero no hay tal; hablamos también de Guerrero, de Oaxaca, de ese creciente cáncer que es el narcotráfico, de la corrupción casi generalizada de nuestras policías, de los funcionarios ladrones, o perversos, o estúpidos, o todo junto; de nuestros cielos envenenados, de nuestros bosques arrasados o de nuestros tristes ríos que ya no llegan al mar. Todo esto es desamor y barbarie. Hoy todo mundo habla maravillas de nuestra rápida recuperación económica después del error de diciembre del 94. Me gustaría saber si alguien ha hecho el cálculo de cuántos niños seguirían hoy vivos, cuántos hombres no habrían perdido su trabajo, cuántas familias no estarían hoy bordeando la bancarrota si las cosas se hubieran manejado con mayor inteligencia y con mayor patriotismo, entendiendo este último como una forma superior de la inteligencia. Termina el 97 y la costumbre, o algún extraño mandato genético, nos pide que hagamos cuentas. Sin pensarlo mucho, se me ocurre decir que hubo ganancias y que hubo pérdidas. Ganamos en tanto que los ciudadanos nos pudimos hacer presentes y pudimos organizar elecciones creíbles y en las cuales, por primera vez, no pudo gravitar el peso del voto duro, del voto verde, del voto comprado o del voto del miedo. Ahí se fundó nuestra mejor esperanza; quizás olvidamos que la esperanza es apenas una semilla que igual puede morir, o puede arraigar y crecer y dar frutos. Todo depende de nosotros. El antiguo orden no está dispuesto a morir tan fácilmente; los intereses que lo avalan y acompañan no son nada despreciables. El que quiera comprobarlo no tiene más que mirar rumbo a Chiapas y preguntarse quién puede ordenar la destrucción con balas expansivas de niños y mujeres embarazadas. Muchos medios, al hablar de los muertos, los llama tzotziles, que es un modo bastante perverso de no llamarlos mexicanos. Esta es nuestra otra posibilidad: la sangre; la sangre y la palabrería que la vuelve ajena.

El año que pronto comenzará será probablemente definitivo. Si nos seguimos conformando con la caída de un alcalde, con la remoción de un gobernador, con la renuncia de un secretario de estado y seguimos pensando que a eso se le puede llamar justicia, seguiremos siendo cómplices activos o pasivos de la barbarie. La civilización es otra cosa; es reivindicar nuestro derecho a la justicia, a la equidad y a la seguridad plenas; es defender nuestro derecho a la felicidad que, por supuesto, incluye no el rescate de bancos y carreteras, sino el de niños que merecen un futuro y de ancianos que exigen un respeto digno para su pasado. Entre la esperanza y el horror —águila o sol—, opto por la esperanza. No espero mucho (ni poco) de Zedillo ni de su gente; espero todo de ustedes y de mí. Firme en esa esperanza les envío un abrazo y no les deseo un feliz año; más bien deseo que trabajemos tan bien, y con tanta lucidez, que cada día del 98 nos traiga una dosis de la felicidad que merecemos, pues bien ganada la tenemos. A los flojos, a los inútiles, a los tontos y a los perversos sólo les deseo una pronta extinción. A ti, lectora, lector querido, los guardo, como san Pablo a Timoteo, en las entretelas de mi corazón.

Diciembre 30, 1997

¿Y AHORA QUÉ?

¡Zedillo firmó y luego los mató! ¡Zedillo, asesino de mujeres y de niños! ¡Gobierno criminal, planeaste lo de Acteal!… Encima, muy por encima, de la también reiterada demanda de alto a la violencia y de ya basta de masacres y de terrorismo de estado disfrazado de "guerra de baja intensidad" en Chiapas, estos fueron los gritos más frecuentes y estentóreos durante la marcha multitudinaria que se realizó hoy lunes por la tarde en la ciudad de México. Los consigno aquí, no porque los comparta acríticamente (en este caso, mi opinión personal no cuenta, no debe contar, mucho), sino porque, como quiera usted verlo, doctor Zedillo, expresan el sentir de la gente; de miles de gentes de toda edad y condición, niños, adultos y ancianos, hombres y mujeres, tontos e inteligentes, con partido o sin él, que hoy en la tarde ganaron la calle y marcharon rumbo al Zócalo urgidos de paz, hartos de vivir en la pesadilla y con la clara conciencia de que el tan defendido "sistema presidencialista" tiene también su lado oscuro y terrible. Más allá de la brutalidad de las palabras, la ciudadanía le está diciendo, doctor Zedillo, que usted y sólo usted pudo hacer mucho más en favor de la paz y la justicia en Chiapas; que usted y sólo usted, por el mero y coyuntural hecho de ceñirse la banda presidencial, se obligaba a cumplir tareas que iban mucho más allá de poner orden en las variables macroeconómicas, pues, como usted bien lo sabía, en nuestro país había y hay un justificado brote de descontento popular que, maquiavelismos aparte, tenía justificadas razones para manifestarse y hacerlo de manera violenta. Desde el primero de enero de 1994, México sintió en Chiapas la agudísima espina de las tareas no cumplidas, del dolor de miles de mexicanos sin futuro y sin presente; del hambre, la muerte prematura, las enfermedades previsibles, el embrutecimiento y la marginación como único patrimonio de un inmenso sector de mexicanos que decidieron decir ¡ya basta! Desde entonces, y hasta hoy, la sociedad mexicana puede, sin demasiado ímpetu, condenar el método guerrillero, pero no puede, porque a pesar de todo le queda conciencia, condenar las razones que han movido y siguen moviendo a estos seres a la rebelión. Lo realmente milagroso es que se hayan tardado tanto y hayan soportado tanto. Estoy cansado de escuchar a politólogos de café que me explican que nada es real y todo es parte de un juego político que yo, miserable mortal, no podría comprender. Es posible que sea así y que alguien esté sacando provecho de tanto horror, pero nada de eso está al alcance de mi vista; lo que sí he visto es la miseria extrema, la explotación y el abuso de unos cuantos ejercido sobre miles de seres que mueren sin apenas conocer la caricia de la vida. Cuando ya no se cree que estas son razones suficientes para la rebelión y tiene uno que inventarse las conjuras más inverosímiles, entonces ya se ha llegado tersamente a la paranoia fascista. Me distraje un momento; vuelvo, doctor Zedillo, a solicitar su atención sobre la voz de su gente. Trate, por favor, de no olvidar que en la marcha había monjas, sacerdotes, contingentes de escuelas privadas, muchachas y muchachos de todas esas clases sociales que entre Salinas, usted y su glorioso equipo de posgraduados se encargaron de problematizarle o de imposibilitarle el futuro con el absurdo error de diciembre. Le pido que no desoiga la voz de su pueblo; que no le crea a los que le digan que es una maniobra del PRD, o de Samuel Ruiz, o de las fuerzas oscuras. Es el hambre; el hambre y la sed de justicia. Son 45 muertos que fueron sacrificados mientras oraban y que ahora hablan por los miles y miles que murieron, víctimas de la misma injusticia, antes que ellos, y por los millones que ya no queremos morir de tan mala manera ni aquí, ni en Chiapas, ni en ninguna parte. Voy terminando y la radio me trae dos noticias: en el Zócalo la gente lloró al ver las imágenes del funeral de los muertos de Chenalhó; en Ocosingo unos judiciales dispararon sobre el pueblo que marchaba en apoyo del zapatismo. Murió una mujer llamada Guadalupe Hernández López. ¿Qué dirá la gente? ¿Quién la mató?

Enero 12 , 1998

Mi Cuauhtémoc

Salía yo de mi función de teatro en calidad de damnificado por el trenazo alemán, cuando una cuatacha me cerró el paso y blandió ante mis ojos un larguísimo dedo con uña nacarada: ¡Te prohíbo, Germán, te prohíbo (reiterativa ella) que hables mal de mi Cuauhtémoc! Así me dijo mientras me miraba como si fuera yo una rata inmunda recién llegada de Morelos o de Madrid. Mi respuesta no ayudó mucho a relajar la tensión: jamás he hablado mal de tu Cuauhtémoc; lo que sí he hecho es señalar mis desacuerdos con mi Cuauhtémoc. Es el mismo, dijo ella. Perdóname, dulce mujer (esto se lo dije para aflojarla, porque no es particularmente dulce), pero estás en un error: tu Cuauhtémoc es una deidad tenochca frente a la cual sólo quedan la adoración y el mutismo; mi Cuauhtémoc es un político mexicano que ha llegado al poder mediante una arrasadora votación popular y que ahora se está esforzando por ponerse a la altura de las enormes esperanzas que provocó. En esto ya lleva once meses; cinco de preparación y seis de ejercicio y los capitalinos, nunca mejor usada la expresión, no vemos claro. Veo con mucha más claridad la astucia del PRI para movilizar los muchos medios que todavía posee y crear la imagen de que estamos peor que antes; a esto añádele varias designaciones lamentables (removidas de inmediato y no al estilo priísta que suele esperar años y buscarle un premio al funcionario inepto o ratero), los tristes pleitos internos del PRD y el pésimo manejo de los medios (que, en su mayoría, no están muy dispuestos a reconocer algún logro de Cárdenas, sino que se deleitan en magnificar sus errores y omisiones); a todo esto hay que sumarle ese sutil ingrediente que es nuestra vocación de fracaso, la íntima convicción de que no tenemos remedio, que nacimos para perder y para decir con una inexplicable y estúpida cara de falsa sabiduría: "Te lo dije". Este es el espíritu que reina ahora. Me parece precipitado y reaccionario. Estoy de acuerdo en que no han sido seis meses particularmente lucidores, pero coloquémoslos frente a las numerosas décadas de regencia dígito-priísta y veremos que Cárdenas no sale tan mal librado: él no provocó la medular corrupción de las policías capitalinas; la contaminación ya estaba ahí cuando él llegó; el crimen organizado y los infinitos intereses que se mueven alrededor del ambulantaje, la recolección de basura, el transporte urbano, el robo de automóviles, la prostitución, el tráfico de drogas, la ineficiencia burocrática (y la cuenta podría ampliarse largamente) no son invenciones de Cuauhtémoc, sino refinados productos de las administraciones priístas. Contra esos dragones tiene que luchar Cuauhtémoc, pero tenemos que luchar también todos los que votamos por él y aun aquellos que votaron por otro candidato, pero que aman esta ciudad. Por supuesto que no estoy hablando de adhesiones acríticas ni de apoyos incondicionales; bueno, ni siquiera estoy hablando de Cuauhtémoc, sino de esa esperanza democrática que tantos y tantos inauguramos, en torno a Cuauhtémoc y en torno a nuestro hartazgo, el día de las elecciones y que ahora tenemos que mantener viva. Así es que, Cuauhtémoc, hay que ponerse las pilas y trabajar, diga lo que diga Fox, al límite de nuestras fuerzas, de nuestra imaginación y de nuestro amor por esta loca ciudad. Todavía hay tiempo y modo de hacer muchas cosas. Si, como algunos dicen, el gobierno de la ciudad es para usted un trampolín rumbo al 2000, más a nuestro favor; si usted no entrega buenas cuentas de su gestión en el DF, no veo quién vaya a votar para que usted sea presidente. Usted no tiene derecho a entristecerse o desalentarse; discierna bien entre los enemigos (el cúmulo de intereses creados) y sus amigos, que lo son por dos razones: porque confían en usted y porque ya no quieren seguir viviendo como viven. Es hora de trabajar, de comunicar y de apoyarse en sus buenos amigos que no sólo ofrecen críticas, sino apoyo a toda iniciativa que lo merezca.

Junio 7, 1998

Fobaproezas

Ya tendríamos que estar acostumbrados. Yo tengo la teoría de que el hombre de Tepexpan ya debía lana y la muerte lo sorprendió en plena renegociación; las cabezas olmecas, las pirámides y los frescos de Bonampak se realizaron gracias a créditos blandos que ya están en cartera vencida. Durante la colonia, nos adelantamos a Oscar Wilde y aprendimos la indeleble lección de que la única manera digna de vivir es vivir por encima de nuestras posibilidades. Revisar nuestra historia del siglo XIX, implica meternos de lleno en la absurda historia de un país que regala materias primas y se endroga para vivir al día. Quizá bastaría con estudiar las maromas del porfirismo con la deuda inglesa para confirmar que este país ha vivido con un hipotecado Jesús en la boca. Ya en este siglo hemos ido de drama en drama y de poco nos ha valido tener a financieros inteligentes y sobrios como Antonio Ortiz Mena, frente a tanto canalla ratero y dilapidador; frente a tanto presidente iluminado y frente a tantos macroeconomistas harvardianos cuya estupidez y falta de patriotismo se disfrazan con posgrados y con discursos descalificatorios y amenazantes (siempre que hay algún quebranto, nos dicen que gracias a dios estaban ellos, porque las cosas habrían podido ser mucho peores). Esta larga historia ha venido a culminar en ese impenetrable códice, en ese pétreo calendario de las finanzas aztecas llamado Fobaproa. Como el Borras, sin consultarlo con el Legislativo, sabedor de que su poder es de origen divino, el Ejecutivo decidió cómo, a qué horas y con qué métodos rescatar a la banca y con ello, según nos explican a toro pasado, rescatarnos a nosotros. Cantidades inverosímiles de dólares fueron aplicadas discrecionalmente para rescatar bancos (muchos de ellos ya en manos extranjeras), desatorar proyectos, financiar campañas políticas, rescatar edificios y triangular donativos para el PRI. Los miles de millones de dólares se fueron acumulando a tal velocidad y con tal magnitud que, supongo, nuestros "cerebros financieros" comenzaron a acalambrarse porque además, para su ofensa y malestar, las noticias de enriquecimientos instantáneos y de desvíos y juegos de prestidigitación con los fondos que supuestamente estaban rescatándonos, comenzaron a circular profusamente y a llegar a los oídos de los legos en la materia que somos tan ignorantes que, cuando vemos un robo, no se nos ocurre mejor cosa que decir que sabemos de un robo y nunca se nos ocurre pensar que es un crédito de plazo infinito y avalado por la divina providencia y san Pedro Nolasco. Hartos de tan injustas críticas y con el explicable terror de que el "cuete" les tronara en las manos, los macrofuncionarios se juntaron en el Sanborns del centro, pidieron molletes y uno de ellos particularmente inspirado dijo: "¡Ya sé! ¿Y si lo volvemos deuda interna? Chance y agarramos al Legislativo tragando moras y colamos la iniciativa". Aplausos generales y lluvia de molletes. Era un ideón y, en honor a la verdad, hemos de decir que estuvo a punto de pegar; de hecho, tal como están las cosas, y si bien nos va, nos harán una rebajita del 30%, pero de la deuda ya no nos salva ni el Baygón que es tan efectivo contra las alimañas. A lo que ya se habían gastado, ahora habrá que añadirle lo que se están gastando en su megacampaña de medios que ancla en la indiscutible verdad de que se han dicho muchas mentiras acerca del Fobaproa. ¿Quién y para qué les autoriza el costo de esta campaña? ¿Quién la va a pagar? Esta última pregunta es entre retórica e ingenua. Lo único que me estoy buscando es un buen regaño de algún macroeconomista medio (medio buey) que venga con su portafolios de Aries y me explique, con cara de maestro de niños de lento aprendizaje, que todos estos gastos no los pagará el pueblo (que, la verdad, ni siquiera está comprobado científicamente que exista), sino que lo pagaremos (faltaría más) los causantes; es decir, la bola de estúpidos que pagamos nuestros impuestos y suponemos que son aplicados a esos servicios que, según suponemos en nuestros sueños guajiros, tendríamos que recibir. Error. Me explico la impaciencia de la SHCP y de la CNBV ante nuestra renuencia para aceptar que lo que no perdimos como ahorradores (y está por verse si es que no lo perdimos) lo perderemos ahora vía impuestos y vía servicios. Entender esto será nuestra fobaproeza.

Agosto 10, 1998

El caso

El caso es que a mí me aterraba la muy factible posibilidad de que a Raúl Salinas lo declararan inocente. El caso es que entre Lozano Gracia y Chapa Bezanilla se habían metido en tales pantanos de testigos financiados, excavaciones ridículas y asociaciones tan extravagantes y esotéricas con seres tan discapacitados cerebralmente como María Bernal y la "Paca". El caso es que la ineptitud de Jo-Jo-Jorge Madrazo, más preocupado por su peinado y su silueta, que por la justicia. El caso es que todo había sido manejado de modo tan torpe y primitivo, que la gente común esperábamos, casi como castigo divino, la declaración de inocencia de Raúl. El caso es que no fue así. El caso es que un juez, que ni siquiera dio la cara, sino que mandó a la secretaria, declaró culpable al hermano incómodo (del hermano que se apresta a ser todavía más incómodo) y lo condenó a 50 años de prisión. El caso es que a mí me asustó percibir el júbilo inmediato y poco razonado de la gente ante la noticia. El caso es que, de igual manera, me asustó la actitud triunfalista de los medios por esta condena que todavía está por verse si es un verdadero acto de justicia y no de venganza o de oscuras "razones de estado" (Catón opina de modo similar). El caso es que a mí no me gustaría que me juzgaran así y me fabricaran testigos y pruebas que "demostraran", por decir algo, que yo maté a Pino Suárez (en este país todo se puede. Esa es nuestra maldición). El caso es que yo no sé (y me temo que el juez tampoco) si Raúl Salinas puede ser inculpado concluyentemente de la autoría intelectual del asesinato de José Francisco Ruiz Massieu. El caso es que yo, como el ciudadano Monsiváis, desconozco esas pruebas terminantes e irrecusables que llevaron al juez a imponerle la pena máxima a Raúl. El caso es que, en un mundo aceptablemente civilizado, Raúl Salinas tendría que ser apartado para siempre de una sociedad a la cual robó, engañó, vejó, envenenó, corrompió, defraudó y expolió desde su cómodo sitial de hermano mayor del mero mero. El caso es que toda esta porquería, en nuestros contrahechos códigos, viene a resultar "delito menor". El caso es que Salinas y Zedillo llevan ya cinco años jugando a las vencidas y que, en este juego, el permanente derrotado es México. El caso es que, en cualquier país que tenga un poder judicial fuerte y autónomo, Raúl Salinas hubiera sido declarado inocente por falta de pruebas sustanciales del asesinato de Ruiz Massieu y culpable de saqueo contumaz y monstruoso de una nación. El caso es que el caso de Raúl Salinas y su inesperado final (más jalado que el de cualquier telenovela) no me alegra, pues anuncia cosas graves para México. Ese es el caso.

Enero 24, 1999

El súper Fox

No sin sorpresa, no sin cierto orgullo nacionalista, no sin extrañeza, los que perdimos nuestro tiempo (y nuestra lana) viendo el último *superbowl* nos llevamos tamaño sofocón cuando vimos en pleno estadio de Miami un anuncio, no por virtual menos anuncio, de Vicente Fox. Ignoro el costo de tamaña desmesura. Ignoro también su utilidad; para variar, ignoro asimismo si esto se hizo con la anuencia del PAN o al estilo Fox. Lo que no ignoro es que me pareció charro, desmedido y amenazante.

Febrero 2, 1999

Con la comida no se juega

Si mi memoria todavía no da de sí, lo que quiero contar habrá ocurrido en abril o mayo de 1994. La Hillary y su Shagó Nuag nos habíamos materializado en una postinera cena en las Lomas de Chapultepec. Como ahora vuelve a suceder, el obsesivo tema de la plática era la sucesión presidencial. Me impresionó gratamente que la mayoría de las mujeres y de los jóvenes ahí reunidos expresaran su firme voluntad de no votar por el PRI. Un mayoritario sector de la mesa acumuló denuestos, señaló agravios y manifestó hartazgo. Nuestro anfitrión, un joven y exitoso ejecutivo, permaneció un buen rato en silencio y miraba con especial atención a los miembros de su familia que nos acompañaban en la mesa. Cuando la tormenta de descontento amainó, alzó la mano como pidiendo la palabra y dijo lo siguiente (o algo muy parecido): estamos en un país libre y cada quien puede opinar lo que quiera; me dirijo exclusivamente a mi familia y le quiero decir que están diciendo puras locuras; no me opongo a que mi esposa o mis hijos tengan opiniones políticas, pero me permito informarles que en esta casa todos vamos a votar por el PRI; les recuerdo también que todo lo que tienen, desde los cubiertos hasta su casa y su educación, se la deben a mi magnífica relación con el PRI; entonces, opinen en las reuniones lo que quieran, pero a la hora de votar, hay que hacerlo por el PRI: con la comida no se juega. El bohemio calló y yo también caí en la cuenta de por qué el PRI, nutricio y providente, sigue obteniendo votos y obteniendo triunfos. Su inmensa red de intereses compartidos, complicidades, prebendas y la absurda noción que han logrado introyectar en tantas conciencias de que sólo ellos pueden y saben dispensar dávidas y mantener vivo al país, le garantizan todavía por un buen tiempo la agradecida lealtad de muchos votantes. De otra manera, ni tú —lectora, lector querido— ni yo podemos entender cómo es posible que en Quintana Roo, que viene de padecer un gobierno priísta sospechoso e inepto, que en Hidalgo, donde unas cuantas familias priístas son dueñas de todo, gane el PRI (como ya lo anunciábamos). Parece arduo, pero no es tan difícil de entender; si una familia acomodada de la capital, con formación académica, acceso a la información y conocedora de la vida democrática de otros países, se rige por la norma de que "con la comida no se juega" (y así les fue; todos votaron por el PRI, vino el error de diciembre y se los llevó la trampa), imaginen lo que un habitante del Mezquital, o a un maya de Quintana Roo, pensará a la hora de recibir su tricolor despensa, o la promesa de un terrenito para vivir. Efectivamente: con la comida no se juega.

Febrero 23, 1999

El registro de Fox

¿Le cae a usted mal Vicente Fox? Esta fue una de las tantísimas preguntas que tuve que contestar a velocidad de ráfaga, durante la charla electrónica que sostuve el jueves pasado en las instalaciones de *Reforma*. Si no recuerdo mal, mi respuesta fue: me cae a todo dar; me parece el Pedro Infante de la política, pero me cuesta trabajo verlo asumiendo las complejas tareas de la presidencia de la república; sucede, sin embargo, que a Zedillo tampoco lo veo. Ahora bien, si llega a ganar estoy dispuesto a ayudarlo de la única manera que está a mi alcance: criticándolo. Esa fue mi respuesta en caliente y de repente. La repaso ahora con calma y creo que estoy de acuerdo conmigo mismo (cosa que no me sucede con frecuencia), salvo por el uso del verbo "criticar" que en el habla común de México —país de escasa tradición y tolerancia crítica— casi equivale a "hablar mal" o a dedicarse a encontrarle errores a todo. No es el uso que yo le doy. Para mí, criticar es analizar, evaluar y, de vez en cuando, cotorrear. Por supuesto que rollos de este calibre no pueden incorporarse a una charla electrónica porque es más que posible que se caiga el sistema. Por tal razón, aprovecho estos renglones y aprovecho el muy reciente registro de Chente Fox como aspirante a la candidatura presidencial por parte del PAN, para aclarar este asunto de la crítica y para que el ilustre guanajuatense no piense que me voy a dedicar a fregarlo cada día de su todavía hipotético sexenio (lo cual seguramente debe de haberlo tenido preocupadísimo). Acuso igualmente recibo de la cordial invitación que me hizo a la ceremonia oficial de su registro. No acudí y me gustaría aducir hartas sutilezas ideológicas y tácticas para explicar mi ausencia, pero la verdad es que me quedé dormido y me convertí en uno de esos sacos de cemento que el PRI suele regalar en sus turbias campañas preelectorales. Cuando volví a la vida, ya sólo tenía tiempo de redactar un artículo inaplazable y de lanzarme al televisor a vivir las terribles agonías del juego México-Perú; agonías que todavía me tienen sometido a un severo régimen de té de tila, baños de asiento y chiquiadores de papa criolla (probablemente Fox, en algún momento de su campaña, precise de un tratamiento así y por eso le paso la receta al costo). Así pues, no asistí a la ceremonia breve pero emotiva y, según tengo entendido, nadie me echó de menos. Dada mi condición metiche y chimiscolera a mí sí me hubiera gustado asistir, pero Morfeo decidió que yo permaneciera en un estado similar al de las gelatinas que llevan nueve años en el refrigerador. He intentado redimir mi punible ausencia leyendo con detenimiento los comentarios y reseñas que la prensa ha publicado al respecto. De mi lectura deduzco que las cosas fueron bien y que, por lo pronto, Fox va en caballo de hacienda y con las alforjas pletóricas de

Coca Cola. En el interior de su partido, no se vislumbra a ningún rival de peligro, aunque no estoy muy seguro de que un pelao tan aventao como Fox goce de la unánime simpatía de los morigerados blanquiazules; pero esto él lo sabrá mejor que yo. Sea como fuere, el asunto del registro es apenas el comienzo de un trayecto que se adivina difícil y pedregoso. Falta todavía entrarle a la complicada cuestión de la posible alianza con otras fuerzas de la oposición y, si esto no se da (que no tiene muchos visos de darse), entrar plenamente en campaña y enfrentar al candidato del PRD y al del PRI y hacerlo, sobre todo en el caso de este último partido, con astucia y moderación, pues no se trata de sacarlo a patadas de ninguna parte, sino de ganarle y con ello convertir en oposición a un partido que absurdamente muchos dan por muerto cuando las cifras indican que, aun perdiendo, el promedio de votación que obtiene siempre está cerca de los cuarenta puntos (y con el abstencionismo de su parte). Es decir, estamos hablando de casi la mitad del electorado. Entonces, don Vicente, no celebre victorias que todavía están muy lejanas; sosiegue sus ímpetus y sus ansias de novillero y éntrele a la política grande con la serenidad y los tamaños del estadista que México necesita si de veras queremos provocar ese gran cambio que todos necesitamos. No es usted mi candidato, pero con toda honradez puedo decirle que ninguno de los que se avizoran en el horizonte lo es. Creo que esta molesta sensación de falta de opciones satisfactorias para el 2000 es un mal generalizado entre toda la ciudadanía mexicana. Cada opción la vemos muy ojona para paloma y cada candidato lo sentimos muy negro para huevo y muy redondo para aguacate; pero éste no es un problema de los ciudadanos, es un problema de los candidatos que están muy lejos de mostrarnos claramente el cómo y el por qué van a gobernar y prefieren desgastarse en el infantil territorio del insulto, la bravata y la descalificación. Bienvenido al cuadrilátero, don Vicente.

Julio 12, 1999

Un nuevo PRI...

...más cerca de ti. ¿A quién se le habrá ocurrido una rima tan babosa, tan ripiosa y tan falaz? ¿Así van a estar? Nada más de pensar que el partido (si es que lo es) que ha detentado el poder (y la gloria y la lana y la impunidad y el saqueo y la ineptitud y el mesianismo y la desnacionalización) durante más de 70 años en este país, sólo tiene alcances verbales para comunicarnos tamaña estupidez (que no serviría ni para anunciar un detergente), dan ganas de nacionalizarse etíope, o de inventar —para ponerse a su altura— lemas como estos: El PAN, tu mero canchanchán; o: Busca un partido que te dé: el PRD. En verdad que los poetas priístas (con la excepción de Rodríguez Alcaine) son de pena ajena (Rodríguez Alcaine es de pena cósmica).

Julio 15 , 1999

Mi primer informe

Alguna vez nos tiene que tocar a nosotros, aunque no tengamos otro cargo que el de ciudadanos. Cuando digo "nosotros" me refiero a millones de mujeres y de hombres que, año tras año, en este lastimado país hemos tenido que escuchar con un silencio que ya raya en la complicidad, las vacuas palabras, las dudosas cifras, "las espontáneas ovaciones" que constituían, en los periodos clásicos y posclásicos de la incultura priísta, los ingredientes principales del anual y ritual fasto conocido como informe presidencial convertido ahora, en plena fase crepuscular, en un humildón y defensivo "mensaje a la nación". Si esto es así, ya nos podríamos haber ahorrado el sin duda oneroso gasto de la campaña electrónica, melodramática y aberrante, que machaconamente arranca con la pregunta: ¿quién va a ver el Informe? En lugar de mostrarnos la imagen de una joven embarazada con cara de que el papá de la criatura es alguno del gabinete, bien podrían habernos dejado oír una voz que dijera: nadie, porque simplemente no va a haber informe.

Y todavía mejor: podrían no haber hecho la campaña. Nosotros, los veteranos de tanto informe ficticio que siempre se quedó sin verdadera respuesta lo hubiéramos agradecido enormemente. Como a mí no me gusta la inútil acumulación de tanta bilis (llevo 50 años de informes), quiero hacer, aunque sea muy sucintamente, mi propio, personal y ciudadano Informe.

Honorable Congreso de la Unión, doctor Ernesto Zedillo, pueblo de México: cumpliendo con el mandato constitucional (me refiero a mi constitución física) vengo a informar del estado que guardan las cosas y los seres en esta nación. Vengo básicamente a reclamarle a usted, doctor Zedillo, el sistemático incumplimiento de sus obligaciones y deberes como presidente de los mexicanos. De todos es conocida la sangrienta carambola que lo llevó a ocupar la primera magistratura. Aún antes de que esto sucediera, ya había un engaño de origen. Usted conocía (o debería haber conocido) el precario y ruinoso estado de la economía nacional y sabiéndolo nos prometió bienestar, paz y conocimientos suficientes para desempeñar el más alto cargo del país. En 20 días todo esto se reveló como falso. Desde el 20 de diciembre de 1994, y hasta hoy, una inmensa mayoría de mexicanos carecen de bienestar o han perdido la dosis mínima de alivio económico que tenían; la paz no ha llegado y la violencia, el atropello y la impunidad han florecido como en ninguna otra etapa del México moderno. En cuanto a sus capacidades como gobernante, me permito ponerlas en duda. Su actividad más intensa y sostenida ha sido viajar (es decir: no estar); más allá de esa indeclinable vocación peregrina, no encuentro ninguna otra línea coherente en su desempeño público, que es el único que me importa. Usted recibió un país jironeado, lleno de rezagos y de deudas y con un enorme déficit de justicia. Lo que nos dejará en el término de un año, será un país más confrontado consigo mismo, con más motivos de odio y de desesperación, con más rezagos, con mayores deudas (*remember* Fobaproa y posteriores "blindajes"); con multitud de crímenes pasados y presentes cuya investigación ha desembocado sistemáticamente en la irrisión, en la impotencia y en la impunidad. La sombra de Colosio y tantos otros muertos subsecuentes ha creado una creciente tiniebla en este sexenio; Chiapas y todo lo que con ella está vinculado ahí sigue atorado torpemente en los acuerdos de Larráinzar. Créame, doctor, que somos muchísimos los que no estamos de acuerdo con su errática trayectoria cuyas palabras (democracia, justicia, redistribución de la riqueza, no injerencia en la vida política de los partidos, defensa de la soberanía) tarde o temprano y del modo más caprichoso son vulneradas por sus acciones cotidianas. Antes el presidente hablaba y el pueblo callaba. Hoy comienzan a cambiar las cosas y el desacuerdo de la gente comienza a formularse. No pretenda, doctor, decirnos que esto es mérito suyo; es un difícil y precario logro de la sociedad. A nombre propio, me permito decirle que no acepto que, en mitad de la amenaza, las carencias y el desbarajuste, envíe usted a su secretario de Hacienda a relatarnos un macroeconómico y macrosofístico cuento de hadas. Termino diciéndole que como ciudadano, y como egresado de la UNAM, no acepto su acusación de pasividad, ni su taimada y terrible invitación a que seamos nosotros los ciudadanos los que restablezcamos, en lo que fácilmente podría convertirse en una guerra civil, el orden vulnerado en la universidad más grande del país. Por si no lo sabe, guardar el orden era una de sus tareas y para eso fue elegido y para eso le pagamos. Usted no ha cumplido.

Agosto 29, 1999

Piensa un número

¿Ya? ¿Cuál fue? ¿El 163? Muy bien, añádele ahora nueve ceros. ¿Ya?. Bueno, ahora a esa cifra ponle el signo de pesos y no le restes nada; más bien súmale lo que tu capacidad de imaginación pueda adjudicarle al sistema de complicidades y de impunidades priístas (desvanecimiento de pruebas, se le dice técnicamente). ¿Ya hiciste toda la operación? Perfecto. Trata ahora de convertir esa cantidad bestial en despensas, en escuelas, en clínicas, en creación de fuentes de trabajo, en instituciones de educación superior, en carreteras, en puertos, en intereses generados, en lo que quieras. No te va a ser fácil; pero, además, es una tarea inútil: ese dinero ya no existe. Bueno, sí existe, pero no está a la disposición de la sociedad mexicana, pues ha pasado a ser propiedad de unos cuantos mexicanos pri-vilegiados que lo robaron con perfecto cinismo y ante nuestras perplejas y pasivas narices. Tras dos años de investigaciones (consúltese con el senador Aguilar Zinser cuántas trabas, cuántos obstáculos, cuántas amenazas y pistas falsas se presentaron en el camino de las tales investigaciones) la comisión de investigación —creada contra toda la voluntad del PRI— ha llegado a la conclusión de que, más o menos, el daño (el robo) en perjuicio de Conasupo (es decir, tuyo y mío) asciende a la cósmica cantidad que establecimos arriba. ¿En qué alejado planeta vivimos? ¿De qué estamos hechos? ¿Cómo es posible que frente a un saqueo de tal magnitud todo mundo mueva resignadamente la cabeza y no tan sólo no pase nada, sino que millones de mexicanos se sigan creyendo la patraña del nuevo PRI (una nueva era, más cerca de tu cartera) y se dispongan a avalarla con su voto? ¿No renunciará el gabinete en pleno? ¿O eso es para países incivilizados como Inglaterra o Italia? ¿Ernesto Zedillo, que es parte y es fruto de ese sistema ladrón, no pensará darse por aludido? ¿Nosotros no exigiremos una explicación más detallada, una recuperación de lo robado, un castigo para los saqueadores? Si no hacemos nada, es que eso y más nos merecemos por dejados, por agachados y por cobardes. Conasupo, Miconsa, Liconsa, Atlacomulco, Raúl, Carlos, Maseca… Nombres, máscaras, disfraces de un permanente e impune asalto contra nuestro país. Insisto: ¿no vamos a hacer nada? ¿Nos vamos a voltear para otra parte? (ya no hay para dónde voltear que no se vean avisos de lo imbécilmente cobardes que hemos sido). ¿Sigues depositando tus esperanzas en el candidato del PRI? Que dios te bendiga, manito. Piensa un número.

Noviembre 25, 1999

¿Harakiri, seppuku, kamikaze o vulgar suicidio?

¿Qué le dieron a Francisco Labastida el día del "mitote"? No está en sus cabales. Ya desde que declaró que las cortaba para siempre con Salinas (creador, padre y fabricante del malogrado Colosio) y hacía suyo el ideario de Luis Donaldo (¿cuál?, si no le dieron tiempo ni de montar en su caballo), ya desde entonces me trae preocupado el desgobierno verbal del candidato oficial del partido que está cada vez más cerca de ti (se acerca la mano pachona). Con motivo de un muy respetable duelo familiar, don Pancho se aplacó durante unos días, pero ahora ha vuelto a la carga y de alguna manga se sacó la autodestructiva declaración de que no descansará hasta que el PRI se convierta en un ariete contra la corrupción. ¡Omaigod! ¿Ya le tomaron la temperatura al candidato? Si lo que dijo, lo dijo en sus cabales, ya estuvo que no descansó durante, por lo menos, un milenio. Yo he leído de los aqueos sitiando Troya, conozco del sitio de Tenochtitlán por una cortesía de españoles, tlaxcaltecas y tribus agorzomadas; lo que nunca había llegado a mi conocimiento es el singular caso de que sitiados y sitiadores sean los mismos. No pienso —y ya lo he dicho antes— que el PRI tenga la exclusiva de la corrupción, pero no tengo duda de que son los accionistas mayoritarios; y como bien dice el supremo principio que rige las relaciones policiacas en este país: perro no come perro.

En un arrebato de imaginación, y como mágico efecto de la falsa entrada del falso milenio, supongamos que Labastida pensó lo que estaba diciendo y que está intrépidamente dispuesto a aniquilar la corrupción a golpes de PRI. ¿A quién va a encargar de las investigaciones? ¿Qué va a hacer cuando, sobre su escritorio, se amontonen los expedientes de tantos y tantos compañeros de partido? ¿Y si le llega en dos tomos con apéndices el historial de Roberto Madrazo, o el de tantos y tantos "distinguidos priístas"? Va a ser como la rosca del milenio: no van a alcanzar las rebanadas. Yo opinaría que no hay que andar declarando a lo menso y que la ciudadanía se preparara para darle su voto a aquel que menos gansadas declare (va a estar reñidísimo).

Enero 4, 2000

Globalidúdicos

Sería un poco absurdo crear una liga de enemigos del amanecer; aunque existiera, venturosamente seguiría amaneciendo y la vampírica agrupación viviría permanentemente frustrada. Algo semejante ocurre con respecto a la globalización en estos coléricos tiempos. La globalización ya ocurrió y seguirá ocurriendo. Sería ocioso oponerse a ella. El esfuerzo que, a mi juicio, nos toca hacer es exigir la creación de reglas claras que normen este novedoso juego electrónico. La globalización requiere de un marqués de Queensberry. ¿Quién era este carnal?, preguntará alguno de ustedes. Respondo: un charifas británico bastante bruto y asaz zafio, pero que en lo suyo —que era el intercambio de golpes— tuvo la buena ocurrencia de crear una reglamentación que dotara de algo de civilidad y equidad a los guantazos y mamporros. De lo que se trata hoy es de que todas las naciones concurran a la plaza de la aldea global y se cotejen unas con otras. La parte positiva de esta realidad es la exigencia universal de desarrollo de la creatividad y de la competitividad. Todos tenemos que ponernos pilas nuevas, pero —aquí comienzan los asegunes— todos tenemos que pensar que hay de globalizaciones a globalizaciones y que éstas sólo generarán civilización y futuro si al juego le imponemos reglas claras y justas que contemplen y respeten, por ejemplo, las asimetrías entre una nación y otra (el resultado de la pelea entre un peso mosca y un peso completo está a la vista); los tiempos y los niveles de educación cívica, de acceso a la tecnología y de educación a secas de cada cultura; las diferencias y distancias entre las naciones ricas, las naciones emergentes y las naciones postradas. Si estos y tantos otros aspectos más no se regulan adecuadamente, el globalizador globo va a tronar de modo estruendoso; de hecho, ya está tronando. Por lo dicho en Davos, Zedillo parece ignorarlo y, curiosamente, es Bill Clinton quien lo advierte. Si se mira con cierta distancia y serenidad, el ruinoso paro de la UNAM tiene más que ver con la rebeldía de millones de desesperados frente a la globalización selvática (que beneficia a unos cuantos y condena a millones), que con cuestiones estrictamente académicas o de financiamiento de la educación superior. Decir esto no cancela el aprovechamiento político del desastre por tal o cual partido, o tal o cual interés. Los intelectuales y los opinadores de nuestro país podremos seguir peleando y envolviéndonos cada uno en su particular bandera para arrojarnos de nuestro particular castillo; lo cierto es que unos cuantos se están quedando con todas las fichas y cada vez son más los que, al darse cuenta de que ya no juegan, le apuestan a la exasperación, a la radicalización y a la ira. Se me ocurre que tanto ímpetu y tanta neurona podrían dedicarse a la exigencia de un diálogo global que culminase con una reglamentación humana y propositiva de la nueva convivencia. Sólo así nos aplacaremos los globalidúdicos (los que dudamos).

Febrero 13, 2000

Centro izquierda

La geometría política de México ha entrado de lleno en su fase no euclidiana. De por sí, nuestro temperamento rumbero y jarocho le ha dado a conceptos aparentemente tan nítidos como "derecha" e "izquierda" las connotaciones más coloridas y barrocas que registra la historia de la ciencia política. A los que tenemos edad suficiente nos bastaría con recordar ese magno capirucho verbal que se aventó López Mateos cuando habló de que su gobierno era de "izquierda atinada". Y era apenas el periodo clásico temprano. De entonces acá, hemos vapuleado de tal modo las nociones de derecha e izquierda que las hemos dejado irreconocibles (de hecho, ya se rindieron por *default*); tan inservibles quedaron una y otra que, muy en la globalimoda, echamos mano de la noción de "centro" para que de inmediato los ideólogos, los jilgueros, los chícharos y los partidos se mudaran a vivir en él. Casi de un día para otro, y sin previa reflexión (trámite perfectamente evitable en la política mexicana), todos se volvieron centristas; unos guardaron su escapulario verde, otros pulverizaron su busto de Marx y el camaleónico PRI no hizo nada porque, entre sus múltiples dones naturales, está el de adquirir instantáneamente el color y la textura de la escenografía ideológica que se vaya presentando.

Con todo y el hacinamiento, vivir en el centro es enormemente cómodo y exitoso. Como realmente ser del centro no significa nada, puede ser la justificación para todo. Tan exitoso ha sido el centrismo, que pronto será necesario crear franquicias y abrir sucursales de modo que se cumpla el viejo delirio verbal provocado por Santa Anna: "…y retiemble en sus centros(?) la tierra". Insisto: en política ser centrista no compromete a mucho, pero tiene una balsámica y relajante acción sobre los ciudadanos que, al saber que tal o cual candidato es de centro, reciben subliminalmente el mensaje de que ese señor o señora que quiere nuestro voto es algo pero no mucho. Si así solita la noción ya es borrosona, todavía puede empeorar cuando se le añaden otros conceptos. Tratemos, por ejemplo, de pensar en el brutal desmantelamiento de la lógica cartesiana que está implícito en el hecho de afirmar que se es "de centro izquierda" (es como ser sureño del norte, o nórdico súrdico); más que un posicionamiento ideológico, es un delirio geométrico cuyo autor, si aprendiera las ventajas y virtudes del silencio, nos lo podría haber ahorrado. Si necesitaba decir algo (que no era el caso), podría haber dicho que era de izquierda moderada, o de derecha liviana, o algo más sensato y coherente. Con tan malos ejemplos, pronto aparecerán los políticos que nos digan que son de centro abajito, o de centro diagonal. Me permitiría proponer que nombráramos al centro patrimonio de la humanidad para que nadie se meta con él. Lo que realmente nos interesa saber de los candidatos es si tienen compasión por México, si tienen un proyecto viable e incluyente para que todos salgamos del atolladero; si son decentes y si conocen y disfrutan su propio centro. Dicho más sucintamente: ¿no podrían ser más centrados?

Febrero 28, 2000

Las batidas de Labastida

Todos aquellos que han contraído el feo vicio de leer esta columna, pueden atestiguar las frecuentes menciones que hago de Vicente Fox y los daños que se causa al enredarse con su patineta verbal. Creo que en favor de la justicia hay que repartir parejo, pues el foro político también resiente daños estructurales cuando el "abanderado" priísta se suelta el chongo y hace declaraciones automáticas de esas que se profieren sin pasar por cerebro (si alguno de ustedes jugó "turista" en su infancia, recordará esa fatídica carta que anunciaba: pase al garage sin pasar por México). Sin ánimo de agotar tan rica veta, me quiero detener en tres nacaradas efusiones del inconspicuo sinaloense. El primer lugar le corresponde (¡y la ganadora es...!) a la publicitadísima campaña de "inglés y computación" que rápidamente degeneró en pachanga y regocijo popular; tal chacota se armó, que todos esperábamos una rectificación que de algún modo dijera: ya lo pensé bien y me he dado cuenta de que las prioridades de la mayoría de los niños mexicanos son otras, aunque no dejo de considerar que, cumplidas éstas, sociedad y gobierno tienen que esforzarse en proporcionar a esos niños y a los jóvenes y a los adultos dos herramientas útiles para manejarse en el presente y en el futuro. Creo que hubiera sonado bien, pero todavía está por nacer el funcionario mexicano que oportuna y frontalmente reconozca que cometió un error; y así, en lugar de tal reconocimiento, nos envió la segunda edición del mismo mensaje que, bajita la mano, nos dice: algunos méndigos pocalucha me han agarrado de botana, pero como mi alma es morenita y luminosa, ni los veo ni los oigo y persistiré en mi empeño; considera, mugre criticón, que lo hago por tus hijos (y a nosotros que nos atropelle un microbús). En segundo lugar, quiero detenerme en el vehemente pendejeo (pueblito michoacano) que Labastida fulminó sobre los que hacían la foxiseñal (luego los jilgueros de campaña —esos que dicen "Vicente Labastida", o que gritan "¡Viva Fox!"— aclararon que nunca los había pendejeado "oficialmente"). ¡Ay, si no fuera por estos ratos! Remato este veloz muestreo con el más reciente pasmo sicolingüístico del candidato del "nuevo" PRI: según Labastida, Manuel Camacho es el responsable "moral" del asesinato de Colosio. Se trata de una declaración tramposa, insostenible, oportunista y que tendría que ser respondida con una demanda por parte del agraviado. Creo que don Pancho tendría que cederle el uso exclusivo de la palabra a su hermano Jaime, magnífico prosista y deleitoso poeta. Como diría mi comadre Carmen: no es lo mismo batirse en retirada, que retirarse batido.

Marzo 27, 2000

La sobrina de Labastida

A falta de madre, de lo que quiero hablar es de la reunión gastronómico-política que tuvo, hoy mayo 9, el señor Francisco Labastida con un selecto grupo de colaboradores del periódico *Reforma*. Yo quedé sentado entre Lorenzo Meyer y Sergio Sarmiento y exactamente enfrente de Guadalupe Loaeza (quedé pues, en el puritito triángulo de las Bermudas). No voy a detallar el menú, pero sospecho que el plato principal fueron filetitos de Vucetich rellenos con hígado picado de Benito Floro. El candidato del PRI llegó flanqueado por Esteban Moctezuma (que es buen cuate) y por Jorge Alcocer. Con civilidad y buen modo, Labastida le dirigió la palabra a la herética jauría reformista y comenzó con una caballerosa disculpa por no haber acudido a un fallido encuentro pactado anteriormente. Dicho esto, pasó a hacer una exposición bien razonada, pero quizás excesivamente sintética (taquigráfica por momentos) de su proyecto de gobierno. Tres temas sobresalieron: la lucha contra la pobreza, el enriquecimiento (lícito) del programa educativo y la restauración de la legalidad. Cumplida esta exposición, pasamos al capítulo de preguntas y respuestas. Opino que quizá hubo más preguntas que respuestas, pero es de justicia señalar que Labastida no dejó ninguna interrogante sin responder, aunque varias veces la respuesta fue generalizadora, previsible y no respondía puntualmente a la pregunta. Como era de esperar, un tema recurrente en el interrogatorio fue la reciente y repentina inclusión en el equipo de campaña de los viejos y ya consagrados villanos del cine nacional (el Tiranomanlio, el Brontobartlett y otros ejemplares que creíamos ya extintos). Labastida respondió con meditaciones acerca de la unidad del partido, de lo bien que se ven los viejos cuadros en la nueva casa, de lo enternecedora que puede resultar una melodía *oldie but goldie* y otros capiruchos verbales que a él lo dejaron muy satisfecho y a varios de nosotros no tanto. Abrió fuego Guadalupe Loaeza con un exótico ejercicio de teatro terapéutico: Señor Labastida, imagínese que yo soy su sobrina y le pregunto acerca de la democracia y los 70 años del PRI. El fulgurante parentesco dejó atónito a don Pancho, que se replegó visiblemente tocado. En su oportunidad, Sarmiento pidió los nombres del nuevo gabinete, pero le fueron negados. En mi turno, yo (que soy un feliz chaparro mandilón) hice tres señalamientos: con o sin la aquiescencia y/o la coherencia de Labastida, el nuevo PRI ya existe gracias a una sociedad cada vez más participativa y vigilante que ya no permite trapacerías como la denunciada y castigada en Nuevo León; pregunté también acerca del por qué y el para qué del fantasmal pugilato con Carlos Salinas y terminé preguntando por el virtual "legado de Colosio". Labastida acusó recibo de mi primera observación y con respecto a Colosio y Salinas me dijo que eran ante todo emblemas de lo que quería y de lo que no quería hacer en política. Terminé haciéndole un último cuestionamiento: ante la opinión pública, Señor Labastida, ha creado la impresión de que fue usted quien convocó recientemente al viejo PRI, ¿es esto cierto o fueron ellos los que lo llamaron? La respuesta del candidato es una variante del cuento "El dinosaurio" de Monterroso: ellos siempre han estado ahí.

Mayo 9, 2000

La marcha

Hay dos acontecimientos que quiero reseñar: el primero es una comida en *Reforma* con Cuauhtémoc Cárdenas. Los ahí presentes (ni modo que los ausentes) le preguntaron al candidato del PRD sobre muy diversas materias. Yo, por razones que luego se entenderán, hubiera preferido no hablar, pero de pronto ya tenía el micrófono a ras de labio y así dije: "Ingeniero Cárdenas, usted ha dicho que el proyecto de cambio que propone Fox no convence a los mexicanos; yo diría que hay también millones de mexicanos que no se sienten convencidos por el proyecto de Cárdenas, pero creo que esta no es la materia importante; de lo que hoy estamos hablando es de si queremos o no que el PRI siga en Los Pinos; sé bien que esto no nos llevará automáticamente al México que queremos; se trata de algo más simple: salir del México que no queremos; si para lograr esto es necesario que confluyan dos fuerzas políticas de oposición y que lo hagan sin menoscabo de los principios de cada una de ellas, no veo por qué en México no se da una confluencia que es tan común en todas las democracias del mundo". Este fue mi planteamiento y en respuesta recibí palabras serenas, respetuosas y evasivas. Mientras oía esto, mi imaginación fabricó una escena: en algún día de julio, Cárdenas le levanta el brazo a Labastida. Me pareció una imagen indigna de México, indigna de Cárdenas e inmerecida para su gente y para los que hemos votado por él en tres ocasiones.

Tres días después, me hice presente en el monumento a Álvaro Obregón de tan infausta memoria para mí (en mi infancia me horrorizaba que me llevaran a ver la mano del caudillo que mimaba un incipiente caracolito, pero además me conseguí un principio de peritonitis al arrojarme 100 veces por las marmóreas resbaladillas mientras mi nana andaba de franjolina comiendo elotes con los paseantes). Era el arranque de la marcha de Vicente Fox. En el estrado Creel, Bravo Mena, el guapachoso Muñoz Ledo y otras personalidades panistas esperaban al candidato. Por entretenerse en algo, solicitaron mi presencia y mi palabra. Como mi fuerte no es el silencio, pues me aventé y así dije: "Vengo aquí en calidad de testigo y a decirles que ya era hora de que este país se echara a caminar. Me felicito y los felicito. ¿Cuántos vinieron acarreados? (la multitud: ¡Ningunooo!) Eso todavía me parece mejor. Yo los acompaño. Un joven poeta asesinado dijo: '¡Levántate!/ Vamos patria a caminar/ yo te acompaño'." Dicho esto, abandoné el estrado porque pensé: me van a pedir "La barca de Guaymas" y no me acuerdo bien. Ya en el asfalto, oí tres señalamientos: a) ¡Qué bueno que ya no es usted perredista!, me dijo una señora; nunca he estado en ningún partido, le dije, pero me reservo mi derecho a votar por muchos perredistas decentes que conozco; b) ¡Qué bueno que ya no es usted priísta!, me dijo una señora con aire de madame Curie; respondí con un perplejo monosílabo: ¿¿¿yooo???; c) ¡Qué bueno que ya es usted panista!, me dijo uno de los miles de jóvenes que por ahí andaban; respondí: apenas tengo tiempo para intentar ser yo mismo y para oír a la gente. Mi único partido y mi única urgencia es que salgamos en paz de tanto horror. Dicho esto, llegó Fox y la festiva y tumultuosa caminata arrancó rumbo al Ángel. Aquí seguimos buscando la ruta de escape. La encontraremos.

Junio 12, 2000

Con los ojos abiertos I

Las elecciones del 2 de julio del 2000 resultan excepcionales por muchas razones. Si dejamos a un lado la fallida, turbulenta y trampeada elección del 88, hoy, por primera vez en los 56 años de vida que ya habré cumplido el domingo electoral (¡ojo!, no vaya a ser que por estar baboseando olviden el magno cumpleaños y el regio regalo), resulta posible un cambio en la jefatura del Ejecutivo federal y partidote y maquinota que lo acompañan. Estas dos últimas y fantasmagóricas presencias nos han trabajado insidiosa y cotidianamente la conciencia de manera que creamos que lo que habrá el 2 de julio es un plebiscito para que la sociedad decida Fox sí o Fox no. Plantear así las cosas me parece incorrecto y tramposo. Si de un plebiscito se tratara, el planteamiento correcto, a mi juicio, sería: ¿Debe seguir el PRI adueñado del Ejecutivo federal, o ya le toca recreo? Por todo esto, y abrumado por las noticias que diariamente recibo acerca de los minifraudes y coacciones que la maquinota esparce por todo el país (hagan de cuenta una avioneta fumigadora), he decidido razonar y publicar en compañía de ustedes mi intención de voto (me parece más sensato proceder así, que seguir contemplando el caritativo y anónimo trabajo de los que meten a internet fragmentos descontextualizados de mis últimos artículos y los acompañan con las más nauseabundas escenas pornográficas). Vayamos por eliminación y digamos algo acerca de los candidatos sobrevivientes.

Manuel Camacho Solís: un político experimentado que, sin embargo, tiene un buen rato de proyectar una imagen borrosa y carente de rumbo. Hay un Manuel Camacho que surgió como el gran negociador del 88 y que duró hasta el día que fue destapado Luis Donaldo Colosio. Esta primera versión de Camacho creó en nosotros la impresión de un político talentoso, indispensable para Salinas, creador eficientísimo de todos los amarres y todas las concertaciones que se hacían en lo oscurito con los múltiples actores de la escena política nacional. Camacho era poderoso, Camacho tenía buenas relaciones con todos (eso pensábamos), Camacho era presidenciable. Vino el destape, el berrinche, el jaloneo, el transitorio paso por la SRE, su ambigua nominación de comisionado para la paz y la concordia en Chiapas, el asesinato de Colosio y el ostracismo, el silencio zedillista y la creación del Partido del centro democrático que previsiblemente lo nombró candidato a la presidencia (si no es para que lo nombren candidato a la sillota, yo no sé para qué un mexicano va a fundar un partido). Ya le dimos su lana para la campaña, ya participó sin particular gloria en el primer debate, ya se aventó una discreta gira, ya tiene cuarenta votos asegurados y, aun estimándolo, ya me convenció de que mi voto no será para él. Como en la canción de los perritos: ya nomás me quedan cuatro. Si me acompañas, lectora, lector querido, proseguiremos esta tarea sustractiva a lo largo de la semana. Finalmente, lo que tiene que quedar claro es que los mexicanos queremos limpieza, equidad y confiabilidad antes, durante y después de las elecciones. El IFE es una garantía para el día 2, pero siento que en el "antes" y en el "después" puede ser fácilmente rebasado por las trapacerías, las amenazas y las coacciones. ¿Estará históricamente imposibilitado el PRI para jugar limpio?

Junio 18, 2000

Con los ojos abiertos II

¿Por qué este título para la electoral autoencuesta a la que me he sometido? Nadie me ha hecho tal pregunta, pero yo me apresuro a dar respuesta, por si alguien me la hace: porque no están los tiempos para andar tomando decisiones a lo baboso y brindando apoyos con los ojos cerrados. Mi amiga y maestra (a quien jamás conocí) Marguerite Yourcenar, decía que siempre es mejor enterarse y que, ocurra lo que ocurra, hay que vivir con los ojos abiertos. Creo que es un buen proyecto de vida y que es perfectamente aplicable a nuestra fiesta del 2 de julio. Hoy todo mundo habla del "mal menor" como una calamidad exclusiva de la elección que estamos por hacer. Se me hace que no es para tanto. Propongo algunas atenuantes: no vamos a elegir a un dictador, o a un partido perpetuo, ni a un monarca; lo peor que puede pasar es que haga puras brutalidades (como si los anteriores presidentes no las hubieran hecho) y si eso pasara, pues lo cambiamos, lo juzgamos, lo entambamos (o lo casamos con una yugoslava) y ya. Otra cosa: supongamos que los actuales candidatos fueran las cinco perfectas emanaciones del dios mayor; si lo fueran y los otros poderes y la sociedad no los asistieran, los acotaran y les pidieran cuentas, cualquiera de estos cinco heraldos de la perfección terminaría siendo un mal y no menor; por lo tanto, lo promisorio o lo terrible de nuestro futuro está y queda de muchas maneras en nuestras manos y no en las de un muy falible señor. Nosotros somos los que podemos ser un bien mayor para nuestro país. Como diría Zaid: ¡ya llegaron los ciudadanos!

Digamos algo ahora de Gilberto Rincón Gallardo. Un hombre admirable, estimable y digno. Su propuesta política tiene que estar en la agenda nacional, pues encarna las metas y los matices éticos indispensables para la existencia de una moderna izquierda mexicana. Creo que en estas elecciones conseguirá un objetivo importante: el registro definitivo para su partido y la presencia de éste en las cámaras. Muchos y muy respetables hombres de opinión se han pronunciado en favor de Gilberto. Yo no lo he hecho y tengo una sola y buena razón para hacerlo: el de Gilberto es un proyecto a futuro, una minoría que podrá ser con el tiempo una mayoría. Pero para que esto pueda ser, hay que salvar el inmenso escollo del presente; si no lo hacemos, no hay caminos rumbo al futuro y lo real es que, en el presente, Gilberto no puede llegar a Los Pinos, aunque debe permanecer con nosotros. Por esto y sólo por esto no votaré por Gilberto, aunque puedo votar por candidatos de su partido para otros puestos. De los cinco que tenía, ya nomás me quedan tres. La tensión crece y, ¡oh, desgracia!, todo el mundo se olvida de mi inminente cumpleaños. ¿Qué vashashé?

Junio 19, 2000

Con los ojos abiertos III

¡Dos mil camiones!, ¡movilización (acarreo) de 50 a 70 mil ciudadanos! ¿Alguien que sepa de estas cuestiones me podría hacer un cálculo (biliar) de lo que cuesta, en términos de logística y en términos de dinero, organizar una movilización de tan chonchas dimensiones (con pase de lista, moche, lonche y chesco incluidos)? Y todo para que la señora Sauri estrenara su vestido el rojito, para que Labastida hablara 17 minutos y para que la inenarrable Carmen Salinas y el indescriptible Juan Gabriel (que se presentó vestido con los colores del PRD) hicieran sus desfiguros (me da por pensar que a estos dos les paga la oposición para que apoyen al PRI y lo hundan). Esto más lo de Pemex, más Gamboa habilitado de Al Capone en la portada de *Milenio*, más los operadores de la maquinota trabajando triple turno y Labastida diciendo que hay que estar loco para proclamar el fraude (pues claro: el fraude hay que hacerlo, pero no proclamarlo); luego añadió que Palacio nacional ni se vende ni se alquila, porque es del "pueblo". Excelente noticia; tengo varios años de ir por ahí y no me encuentro ni al pueblo, ni al presidente, ni a nadie que dé razón; llegué a pensar que lo iban a hacer centro comercial Perizócalo.

Mientras el desangelado y borreguil encuentro ocurría en el Zócalo, Cuauhtémoc Cárdenas congregaba a 50 mil mexicanos en Morelia y Vicente Fox reunía a otros 50 mil en mi bendecida Xalapa. Así están las cosas: hay mexicanos acarreables, pero ya existimos otros que vamos a donde queremos y con quien queremos. Esto es lo mejor de todo y, a este respecto, me gustaría hacer pública mi coincidencia con Jesús Silva-Herzog Márquez que, muy razonablemente, acaba de escribir que el 2 de julio es, sin duda, una fecha importante, pero que no es para tanto; gane quien gane, el 3 de julio México ahí seguirá con sus grandezas y sus miserias; los que amaneceremos distintos seremos los mexicanos que tenemos trabajo para rato si queremos, por moral y por higiene, atenuar las miserias y detonar las grandezas de nuestro país.

Por todo lo dicho, y tras pensarlo largamente, he decidido no votar por el PRI. Nunca lo he hecho, pero, justo es decirlo, jamás les ha hecho falta mi voto. Del ser humano llamado Francisco Labastida Ochoa no tengo nada malo que decir. Muchos colaboradores cercanos me hablan de un hombre sereno, firme y tratable. De su equipo de campaña escojo con gran afecto a Esteban Moctezuma y, a partir de él, comienza mi jurásico horror. Pronto cumpliré 56 años; si los astros me son propicios, conoceré a mis nietos; todo esto es el futuro; en el presente hay una mole inmensa que, según me cuentan y según me consta, fue útil por algunas décadas. Ya no. Hoy, en mi opinión, la vida de México tiene que fluir y evitar a los Gamboa, a los Manlio Fabio, a los Bartlett, a los Hank, a los Madrazo (por nombrar algunos). En síntesis: tendría yo algunas buenas razones para votar por el ciudadano Labastida, pero año tras año, semana a semana, se han acumulado abrumadoras razones para no votar por la continuidad del PRI. Que les sirva de consuelo saber que con alarmante frecuencia le voy al que pierde. En este caso, si le atino o le fallo, no es importante más que para mí.

Junio 20, 2000

Con los ojos abiertos IV

De los cinco que tenía, tres me la hicieron de tox, ya nomás me quedan dox: Cuauhtémoc Cárdenas y Vicente Fox. Aquí, si me lo permiten, voy a recordar tres acontecimientos que ocurrieron en ese año todavía vivo de 1988. La declinación generosa e inteligente de Heberto Castillo (cuyo liderazgo moral ahora nos haría tanta falta) en favor de Cuauhtémoc Cárdenas, cuya campaña, a partir de ese momento comenzó a ser vista con cierta preocupación por el PRI que, ¡loado sea Alá!, ni la oía ni la veía. La inolvidable y multitudinaria reunión en CU que representó el gran despegue del cardenismo y, para muchos de nosotros, un crepuscular aviso de que el 68 no había sido en vano. El día de la votación, De la Vega Domínguez, en franco plan descontonero y madrugador, apareció en la tele y anunció el triunfo "claro e inobjetable" de Salinas, para que, minutos después, Bartlett lo desmintiera y nos anunciara, cual cajera de banco, la prodigiosa e inolvidable caída del sistema. Mientras esto sucedía, yo escribía mi artículo avisándole a la gente que yo había votado por Cárdenas. Recuerdo que a la mañana siguiente, recibí un telefonema de felicitación de un joven ensayista llamado Jorge G. Castañeda a quien no conocía personalmente.

¡Cómo han pasado los años! Ahora estamos en el 2000 y, como en un calidoscopio, las piezas siguen siendo las mismas, pero la disposición y la composición han cambiado. Tres veces he votado por Cárdenas y en la campaña por el DF tuve el gusto adicional de acompañarlo a varios mítines. Mi cuatazo Jaime Sabines me decía que era yo un mugre perredista vergonzante. No lo soy, aunque reconozco la enorme aportación de Cárdenas a la revitalización de la izquierda mexicana, al adecentamiento de la vida pública y al establecimiento de una esperanza de mayor justicia para millones de mexicanos que han sido víctimas de las maromas del sistema y de su propia pasividad. Por decirlo rápidamente, éstos son los beneficios que Cuauhtémoc Cárdenas nos ha traído. También tengo —junto con el agradecimiento— tres reclamos centrales que hacerle. ¿Qué hizo con el enorme caudal de esperanza que la ciudadanía depositó en sus manos cuando ganó arrasadoramente en la ciudad de México? ¿Por qué el primer gobernante electo de esta ciudad nos dijo tranquilamente "ahi se ven" y dejó su responsabilidad en manos de una interina (lo de menos, es decir que ésta resultó bastante más efectiva y entrona que Cárdenas) cuando la gente votó precisamente por él y no por un interinato? ¿Por qué, a la luz de tantas y tan efectivas coaliciones que se dan en las democracias modernas, y sabiendo lo importante que es para la mayoría quitarle al PRI la jefatura del Ejecutivo, se han negado usted y sus partidos a buscar una alianza digna con Fox y el PAN (no me venga con que la buscaron en su momento, porque bien sabemos que eso no fue un intento de alianza, sino una astucia política destinada al fracaso)?

Para acabar pronto: no me ofendería (quizá me sorprendería) que Cárdenas ganara. Me daría una enorme tristeza y una gran rabia mirar a Cuauhtémoc alzándole el brazo a Labastida. Será algo lamentable que, sin embargo, no variará mi rumbo personal. Mientras tú lees esto, lectora lector querido, Cuauhtémoc Cárdenas, previo permiso de los *hooligans* del CGH, estará en CU. ¡Cómo han pasado los años!

Junio 21, 2000

Cartas mejicanas

Los tiempos de la política y los tiempos de la reflexión intelectual son de difícil coexistencia. Al hombre de pensamiento le encanta observar; el político sabe que tiene que actuar sobre la marcha. En lo que un pensador resuelve alguna de sus hamletianas dudas, el político ya solicitó dos créditos, ya inauguró cuatro presas, tres parques y una clínica que ya hasta se cayó. En estas divagaciones ocupo mis atormentadas noches preelectorales que, gracias a las peladas cumbres del insomnio, me han permitido conocer la historia de seres tan singulares como Benito María de Moxó y Francolí (1763-1816), benedictino catalán que, por esas cosas raras de la vida, llegó a la Nueva España en 1804 para ocupar el cargo de obispo auxiliar de Michoacán. Apacible, sereno, amante de la historia, de los libros, de la Ilustración y de la verdad, don Benito se felicitaba por haber huido de la crispación hispánica provocada por el equipo francés encabezado por Zinedine Bonaparte, sin saber que acá le esperaba la crispación independentista. A él lo que le gustaba era la ciencia, los libros raros, los testimonios arqueológicos y la observación de costumbres. Algún tiempo y espacio tuvo para esto, pero no el suficiente. Los caudillos, los militares, los políticos le imponían a aquellos tiempos una condición vertiginosa, intolerable para la serena necesidad de análisis que requería la conciencia del buen Moxó. Si murió a los 53 años en el Alto Perú, quiero creer que fue por un severo ataque de perplejidad frente a un mundo tan raudamente movedizo que no daba tiempo para destilar una opinión, sino que exigía adhesiones instantáneas so pena de condenas inmediatas. ¿Les va sonando conocida la historia? ¿Alguno de ustedes está experimentando el "mal de Moxó"? Pues en ésas andamos muchos y con esa pena estamos. Difícilmente encontraremos una opinión que no sea provisional, un punto de vista que no venga cargado de inmediatez (o de mala leche) y pintado, así sea levemente, por algún color partidista. Al final se verá (lo dice Trabulse de Moxó) que todos (me refiero a los bien pensantes) teníamos algo de razón y algo de equivocación. Con todo, Benito Moxó tuvo tiempo para observar, para escribir y para participar a favor de América en la bizantina discusión europea acerca de la inferioridad esencial de las razas americanas: "Largas y repetidas esperiencias nos han enseñado, que la activa y despierta vijilancia de un hábil labrador es suficiente para quitar poco á poco las malezas, y arrancar las espinas que inutilizan esta preciosa viña, al parecer estéril é ingrata, y volverla con el tiempo, no sólo propia para el cultivo, sino estremamente amena y fecunda". Esto escribió Moxó en 1805 y éste sigue siendo nuestro reto en el 2000. Por esto, cierro mi ínfima campaña con la muy personal opinión de que Fox (¡El dox, por Fox!), en la encrucijada actual y con los compromisos que ya públicamente externó, es el labrador que me permitirá ayudar a que mi país, al parecer estéril e ingrato, se vuelva con el tiempo y con nuestro trabajo, ameno y fecundo. (Benito María de Moxó, *Cartas mejicanas*, FCE y Fundación Miguel Alemán, México, 1999.)

Junio 27, 2000

A LA INGLESA Y A LA FRANCESA

Por la infidencia de mi servidor, me temo que ya me quedé sin saber cuántos recordaron a mi finadita autora y a cuántos les pareció bueno o correcto que yo diera color para las elecciones del dox. Si al asunto le diéramos dimensión globalifílica, podríamos establecer un respetable conflicto entre la tradición intelectual británica y la tradición francesa. En la primera, los opinadores guardan reserva y distancia frente a los avatares de la política y sirven a su sociedad como testigos mesurados y, en lo posible, imparciales. Los franceses —dejarían de ser latinos— creen en el compromiso y en la toma de posiciones. Los que me han acompañado a lo largo de estas décadas pueden dar constancia de que tiendo a ser británico y que es, en este 2000, la primera ocasión que me abro de capa. ¿Por qué? Pues porque creo que es una coyuntura excepcional, porque me indignan las agónicas maniobras pre-electorales del sistema (hoy, en muchas casillas no han entregado las boletas para la elección presidencial) y porque, antes de hablar, leo y escucho. No es que mi opinión se forme con lo que me dicen los demás, pero no puedo opinar sin hacer mi más amplio esfuerzo por escucharlos. Me gusta ser y me gusta estar. El sábado, por ejemplo, gocé el fervor popular y saludé a la señora

Bebeto e hice amigos y me sentí parte de algo. Viejos y nuevos amigos estuvieron el domingo y, ayer martes, allá con Gilberto eché de menos a tantos intelectuales que se pronunciaron por él y saludé también a muchos amigos. En resumen: estoy en pleno arrebato francés. Dice Gabriel Celaya: "...Maldigo la poesía/ concebida como un lujo/ cultural por los neutrales,/ que lavándose las manos/ se desentienden y evaden./ Maldigo la poesía/ del que no toma partido/ partido hasta mancharse". Pues eso.

Junio 28, 2000

Hoy

Es una historia tan vieja, tan triste, tan humillante. No es fácil paladear la victoria. Ya perdimos la costumbre. Según esto, nos habían dicho que lo nuestro era callar y obedecer, agacharnos y permitir, aceptar sumisamente el martirio y el cáliz. Adquirimos el horrendo vicio del sufrimiento y el despojo permanentes. Sísifos criollos, aceptamos una vez tras otra cargar la inmensa piedra, recibir el aviso de que lo estábamos haciendo muy bien y, a unos cuantos pasos de la cumbre, contemplar atónitos cómo la piedra rodaba una vez más rumbo al abismo. El pasmo de las naciones y de algunos nacionales era mirar la docilidad y la sumisión de todo un país que mansamente aceptaba cargar eternamente esa piedra que cada vez pesaba más. Creo que hoy no alcanzamos a imaginar lo que conseguimos. A mis 56 años, ya me puedo dar permiso de llorar y de festejar un hecho insólito que ya se anuncia en aquello que decía Cortázar: "No puede ser que estemos aquí para no poder ser" (sin embargo, tantos y tantos no han podido ser). Con fecha de hoy, México puede ser. Suplicaría que no me pongan en la lista de los idiotas que creen que nada se ha logrado; lo que yo creo es que el costo ha sido altísimo y que los daños materiales y morales son incuantificables. Mi primer recuerdo es humillante y tiene que ver con el PRI. Mi padre intentaba ganarse la vida como camarógrafo y proyeccionista de cine. Para su desgracia, hacía tan bien su trabajo que mereció ser seleccionado por Maximino Ávila Camacho para estar a su disposición las 24 horas del día (para eso servía el poder). Jefe de múltiples familias, Maximino tenía súbitos arranques de difusa ternura paternal. Hacia las dos de la mañana, en mitad de alguna parranda, podía decir: "Quiero que mi hija vea *Blancanieves*, háblenle al chaparro y díganle que lleve a su hijo, para que juegue con la nena". Mi padre era el chaparro y yo era el hijo. Jamás hablamos de esto, pero puedo imaginar su infinita vergüenza al tener que despertar a un escuincle que todavía no cumplía tres años y que ya estaba aprendiendo a hablar y a recordar. Hoy recuerdo y hoy hablo. Entre esos tipos y yo siempre ha habido algo personal. Hace unos minutos, el capitán Bucles ha venido a desearme buenas noches. Ojalá y puedan compartir la felicidad y el orgullo que me provoca saber que nadie en este mundo me obligará a despertarlo a deshoras. Hoy todos los mexicanos dignos podemos dormir tranquilos y felices. Todo está por hacerse, pero todo puede ser hecho. Yo, que tanto lo he fregado, puedo sin sentir desdoro saludar a Ernesto Zedillo por su gentil y honrado comportamiento de hoy. Ya hasta siento que lo quiero (es posible que este ímpetu transeúnte se me quite mañana). Antes de dormir, le enviaré una carta al misterio y le diré lo agradecido que estoy por permitirme llegar a este acto de fundación que mis padres ya no pudieron ver; en el mismo mensaje incluiré lo mejor de mi parchado corazón, que habrá de ser repartido, por correo especial, a todos los que pensaron (y pensarán) y votaron (y votarán) distinto. La tarea es enorme y nos incluye a todos: hoy México vuelve a ser visible y acariciable. A lo lejos, se oyen la voz de José Alfredo y una jarana tlacotalpeña. Por hoy: gracias, Chente.

Julio 2, 2000

¡Hoy!

Desde que estuve en posibilidad de hacerlo, nunca he dejado de votar. Estoy hablando de casi 40 años de acudir desganadamente a las urnas con la creciente sospecha de que mi ingenua fe cívica era casi tan útil como los guaruras de Lilly Téllez. Depositar mi boleta era un acto nimbado por una melancolía similar a la de esos náufragos que arrojan al mar esa botella que abriga su más desesperada esperanza. Algo horrible. Así llegué al año 2000 y, con incurable optimismo patrocinado por la imaginación, me dió por pensar que, en una de ésas, ésta era la buena. Bastó con decidirlo así para que todo comenzara a complicarse. Decía el filósofo: la vida es horrible pero cortita. La Tractor está entregada por entero a su gustado papel de madre recién parida y fue la primera en darse de baja. Aunt Jemima tuvo un súbito ataque de civismo y nos anunció que ella estaba registrada en San Esteban Tepecuacuilco y que, con mucha pena, nos abandonaría desde el sábado. La Toninita Jackson, que es nuestra mejor *pitcher* relevista, emitió un boletín por medio del cual nos notificaba que ella era de San Melesio de las Iguanas y que también pasaba a retirarse por comiciales motivos. De un día para otro, un hogar sólido se convirtió en precaria tienda de campaña. El Bucles contemplaba la fuga masiva y no entendía muy bien qué tipo de meteoro estaba por caer sobre el hogar, puesto que todos lo abandonaban. Mientras mi voto no tuvo la menor relevancia, jamás encontré obstáculo para ejercerlo; me bastó decidir que era importante para que todo se conjurara en nuestra contra. Llegó el domingo 2 y en nuestro domicilio de interés social permanecían estrictamente el padre, el atónito hijo y el Espíritu Santo que, transfigurado en señora con camisón de dubetina verde, intentaba sin demasiado éxito preparar una compleja *delikatessen* de la *nouvelle cuisine* llamada jugo de nopal. La Hillary y la licuadora se fueron a tiempos extras y acabó ganando la licuadora. El horror apenas comenzaba. El méndigo Bucles amaneció cual tormenta tropical exigiendo su tequila y exigiendo su canción. Él quería saber, como los trágicos griegos, a qué se debía tanto desmadre. Su selvática progenitora, que tiene veleidades montessorianas, intentaba explicarle, mientras le ponía sus calzones de Buzz Lightyear, que se trataba de un domingo muy importante para mamita y aun para papito, porque teníamos que ir a votar y que si no quería quedarse más abandonado que Rodríguez Alcaine (con su horripilante suéter de rayas que es un anticipo de Almoloya), nos tenía que acompañar. Estas son concertaciones y no payasadas. Todo esto ocurría mientras yo me bañaba y me aplicaba esencias orientales en lugares que el pudor me impide describir.

En tensa calma, la precaria familia se dirigió a la concurrida casilla. Intuitivo como soy, me bastó alzar la mirada para descubrir que el día estaba bonito y el cielo era azul. Amarramos al Bucles a un semáforo, nos formamos y nos dispusimos a ejercer nuestro voto. El destino dispuso que exactamente delante de mí quedara un bondadoso señor que avanzaba en una andadera de aluminio. Digamos que no era Alejandro Cárdenas y que se tardó unos 50 minutos *flat* en ejercer su derecho. El Bucles berreaba, la Hillary bizqueaba y yo no me animaba a rebasar a la ráfaga de San Ángel. Valió la pena (valió la alegría). Hoy México amaneció muy mejoradito y el Bucles declaró a los medios: prefiero cocinar yo.

Julio 3, 2000

¡¡Hoy!!

Las aduanas de la alegría. Me gustaría alguna vez entender cómo se ha ido troquelando el genoma colectivo de los mexicanos; saber cuántos y cuáles acontecimientos, infortunios, admoniciones, catástrofes, dichas inalcanzadas, esperanzas frustradas y "castigos divinos" se han ido depositando en la añeja y polvosa memoria nacional que hoy, por ejemplo, nos prohíbe a tantos darle la plena bienvenida a la felicidad. La desconfianza, la tristeza, la autodevaluación, el desánimo, suelen dársenos con notable persistencia. Llega el dolor a nuestra casa y de inmediato, sin preguntar siquiera de parte de quién, le franqueamos la puerta y le imploramos que se quede a vivir con nosotros. Siempre andamos con la pena y en cuanto nos piden alguna señal de identidad, con extraño orgullo afirmamos que no somos nadie. Es muy molesto ser así o tener un amigo así. ¿Cuánto tiempo más seguiremos siendo tan ilegales con nosotros? Porque, mire usted, mientras sigamos siendo tan hospitalarios con la pena y tan refractarios para el gozo, viviremos en un permanente estado de ilegalidad moral.

Lo que acabas de leer, lectora, lector amigo, es el enunciado de un enigma nacional que lleva muchos años inquietándome, pero que el domingo dox se me hizo particularmente presente. Fue un largo viaje que comenzó a las seis de la tarde y prosiguió a lo largo de doce horas inquietas, insomnes, atónitas y, en mi caso (y en mi casa), inexpresablemente felices. Expertos como somos en recorrer las ruinas del sufrimiento (hasta podríamos hacer visitas guiadas) el territorio de la dicha nos provoca todas las desconfianzas del mundo. En los 56 años que llevo fungiendo como alborozado habitante de este país, nunca me había tocado ser parte de una ocasión tan plena para el júbilo colectivo como la que compartimos en la inolvidable noche del 2 de julio. Entonces, si ya removimos la inmensa piedra; entonces, si el pueblo ya nos instruyó a los opinadores e "intelectuales" acerca de sus verdaderos deseos: ¿por qué escatimar el grito, la dichosa lágrima, el abrazo, la infinita y fraterna felicidad de los que ya salimos del infierno? Dos cosas tengo muy claras con respecto al futuro inmediato: no seré gobierno y no seré de los mediocres que, a nombre de no sé qué, se atreven a decirle al buen pueblo de México: eres muy ingenuo, esto va a ser costosísimo, la Santa inquisición está a punto de reinstalarse, ¿a poco crees que va a ser tan fácil? A todos los que dicen esto les expreso mi hondo deseo de que su órgano lingual se convierta en piel de cerdo sofrita en aceite (que la lengua se les haga chicharrón). No tienen compostura ni tienen llenadera; nada les acomoda, ni lo de siempre, ni lo de nunca. Contra ellos y a nombre mío, de mis muertos, de los que se murieron porque algún imbécil decidió robarse lo de sus vacunas; por mis hijos que ahora veo; por mis nietos que, según calculo, no alcanzaré a ver; por un lugar del universo que se llama México, les aviso que somos millones los que nacimos sin el perverso placer del dolor; que somos millones los que estamos orgullosísimos de ser de aquí; que no le ponemos ninguna aduana a la alegría de ¡hoy! y que nos permitimos notificar que, sin haber solicitado el permiso correspondiente, estamos juntos y felices como nunca lo habíamos estado desde la fundación de Tenochtitlan. En síntesis: una maravilla.

Julio 4, 2000

¡¡¡Hoy!!!

Aunque nos resulte difícil reconocerlo, toda la evidencia científica que tenemos hasta el momento produce un diagnóstico inapelable: Vicente Fox existe (al desconocer este dato, los dinos precipitaron su extinción). Todavía hay datos más sorprendentes: existe el IFE, existe Zedillo, existe la justicia a largo plazo (a ver si lo vamos acortando) y, ahora nos consta, existimos nosotros. Ya los mexicanos, cuya suspicacia es deliciosa, tienen cada uno su teoría acerca del criptofoxismo de Zedillo, de la intervención de la larga y pilosa mano de Salinas, de un complot fraguado en Washington, de una cantidad infinita de intereses ilegítimos e inconfesables que, casi de golpe, pusieron a un botado (y votado) guanajuatense en la luna. Con tal de no disfrutar somos capaces de inventar las novelas más absurdas e inverosímiles y todavía podemos, al mismo tiempo, no mirar con nitidez los hechos y los motivos reales y largamente suficientes: un partido democrático que lleva décadas sobreviviendo en medio de la cada vez más espesa jungla priísta y buscando la civilización (¿cómo hacemos para negarle el triunfo a Gómez Morín, a Adolfo Christlieb, a Luis H. Álvarez y al Maquío?); un partido que se puso las botas de las siete leguas y decidió que el triunfo era ¡hoy!, y no en la eternidad. Ignoramos igualmente algo que nos dijeron que no existía y que sólo había que invocar como quien solicita la presencia de la Tlazoltéotl: la voluntad popular, también conocida como la inteligencia de la piel, la sabiduría instintiva, la recuperación de la dignidad pospuesta y atropellada. Ya puestos a hacer nuestro catálogo de incapacidades ante lo evidente, hay que nombrar con el debido aparato la omnipresencia de un partido de gobierno que, me cuentan, alguna vez sirvió para algo, pero que hoy está constituido mayoritariamente, y con respetabilísimas excepciones, por una mafia de bandidos, de inútiles, de narconacos y de almas exquisitas que pueden matar sin mancharse las manos (eso creían). Desconocer estas evidencias nos lleva hacia dos destinos igualmente futiles: la irrespetuosa teoría de que la peor derecha mexicana nos trajo a un Maximiliano autóctono (en esto puede basarse Cárdenas para perder el tiempo —que podría dedicarle a la autocrítica— repartiendo fulminaciones a todo "traidor" que intente colaborar con "el enemigo"). En caso de que este argumento no funcione porque la terca y reaccionaria realidad se obstine en desmentirlo, se puede echar mano de otra línea de investigación (como acaba de comprobarlo TV Azteca, el horror ante la indefensión es perfectamente prefabricable): siempre podemos decir que esto es demasiado bueno para ser cierto y que, por lo tanto, no puede acabar bien. Si ésta va a ser nuestra actitud, si así vamos a estar, desde hoy y desde aquí les puedo decir que el asunto acabará mal; pero si de esto se trata, no cuenten conmigo. Yo estoy encantado (habitado por un canto) y dispuesto a trabajar con más ánimo que nunca. ¿Dónde estoy?, pues en el único lugar que conozco: frente a las palabras, en mi breve e insustituible territorio y afiliado al único partido que me interesa: nosotros. O sea que aquí estoy listísimo para recordarle a Foxifox su compromiso de firmar los Acuerdos de San Andrés y sugiriéndole que ponga a trabajar a la familia González Torres que cada vez gana más haciendo menos (podrían los González, por decir algo, aprender nociones de ecología moderna y dejarse de chamanismos *yuppies*). Ayer, por andar de festejoso, llegué tarde a mi artículo; ¡¡¡hoy!!! estoy de regreso y, lo que es más prodigioso, tengo ganas de trabajar. Besos y abrazos miles.

Julio 5, 2000

¡¡¡¡Hoy!!!!

Ya casi es mañana. Bien mirado (bien celebrado y bien vivido) este domingo salió muy durable y muy bonito (¡un domingo plastifox!). Basta de pachangas. Por el momento, lo único que tenemos es la certeza de que ya nos liberamos de un secuestro express que duró 70 años (será justo reconocer que a veces nos trataron bien y muchas otras, con nuestra participación activa o pasiva, nos trataron muy mal). Como sea, la sociedad mexicana de ¡hoy! se sabe libre y descubrió que es capaz de decidir. Pero habrá que irse con cuidado; una cosa es salir del infierno y otra, mucho más tenaz y laboriosa, es edificar un módico paraíso con cupo para 100 millones. Tanto es lo que hay que hacer, que la foxiana luna de miel tiene que ser (ha sido) necesariamente breve. Ya *La Jornada* de hoy jueves trae un encabezado ("Gobernaré yo, no el PAN: Fox") que ha encendido muchas luces de alarma (en algunos casos: regocijada alarma) y que, para muchos lectores, ha resultado ambigua, por decir lo menos. Leído con mala leche, este encabezado y la entrevista que lo motiva pueden esgrimirse como la comprobación de una sospecha largamente cocinada: Fox en realidad jamás fue panista y ahora, tras pedirle su abrazo y su bendición, rompe con el partido blanquiazul. Leído con el mejor de los ánimos, el desaseado diálogo de Chente con un periódico que, según entiendo, no le es del todo favorable (de ponderación, ya no hablamos), podríamos pensar en un sano distanciamiento de su partido (¿dónde habré oído esa expresión?) y en una medida precautoria tendiente a evitar el desplazamiento rumbo a Los Pinos del centro de gravedad de Acción nacional que, como bien lo señaló Castillo Peraza, siempre ha estado en el interior del mismo PAN. Dicho de otra manera: Fox asumió su riesgo necesariamente personal y pluripartidista y protegió a su partido del calamitoso trance de convertirse en un nuevo PRI. ¿Cuál es la lectura correcta? Probablemente Fox la sabe; los lectores la ignoramos y pensamos que estas no son horas de hacer declaraciones ambiguas. Casi diría yo que, antes del 1° de diciembre, más le vale a Fox proceder como aconseja el Polonio de Shakespeare: presta a todos tus oídos y a muy pocos tu voz.

A lo mejor mi añeja paranoia no ha sido aplacada, pero me resultó irritante tropezarme con estos dispendios verbales excesivamente madrugadores (no están bien en un candidato muy probablemente ganador; no estarán bien en un presidente electo —título que en pleno derecho aún no recibe— y serán una torpe demasía en un presidente de la república). Para mayor ardor, el miércoles por la noche leí, en la edición extraordinaria de *Proceso*, la entrañada e inteligente crónica de los nuevos (y los viejos) tiempos redactada por Felipe Calderón en honor a su padre y en amor al PAN. Un énfasis y una interrogante: ¡qué acto de buena y civil memoria cumpliste, Felipe! Mi estimado candidato Fox: ¿qué quisiste decir con lo que dijiste y para qué lo dijiste ahora que no es momento de andar diciendo por decir?

Julio 6, 2000

Oiga, don Vicente

¿Es usted o lo están haciendo? ¿A poco ya se manda solo? No sé si usted en la TV ve otros programas además del de don Adal Ramones. Lo ignoro. Lo que sí me consta es que, por invencible morbo, yo me asomo todos los días al noticiero de López Dóriga y precisamente ahí (el preciso día en que estuvo de visita Cuauhtémoc Cárdenas) me vine a enterar de que aquella promesa de campaña que nos aseguraba un crecimiento del 7% no estaba sanforizada y ya se encogió a un 5% (y esto a reserva de que la sigan rapando de casquete corto). Escuché la noticia y mi hígado comenzó a adoptar la forma de moño navideño. Pero todavía faltaba la sorna de Cuauhtémoc Cárdenas que dijo, palabras más o menos: yo no tengo nada que hablar con el señor Fox; no tengo por qué quitarle su tiempo; ojalá y que le vaya bonito y cumpla sus promesas de campaña; pero ya ve, Joaquín, el 7% ya se convirtió en 5%... (hasta aquí lo que recuerdo de CCS). Sobre la burla, el escarnio. Si el hígado ya lo tenía como pretzel, ahora la bilis entró en ebullición y, la mera verdad, no me quiero quedar con el coraje, porque para acabarla de friccionar, mis muchos y supuestamente buenos amigos que fungen como izquierdosos me traen como perico a toallazos con sus telefonemas que invariablemente comienzan con la pregunta: "¿Ya viste a tu Fox?" Lo de menos sería avisarles que usted no es de mi propiedad. Esto no es lo que me preocupa; me alarma mucho más el desencanto de tantos millones de mexicanos que, al votar por usted, hicieron suyas —por convicción y esperanza— esas promesas de campaña. A ver si nos entendemos, don Vicente: usted habló por su cuenta, riesgo y conveniencia de un 7%. Hasta el momento de proclamarla esta cifra era un sueño guajiro de su exclusiva propiedad. Una vez hecha pública y avalada por el voto, se volvió compromiso nuestro; entonces le pregunto: ¿cómo sin consultarnos anda usted chiquiteando y manoseando nuestros compromisos? ¿Dónde quedaron esos dos puntos del PIB? ¿Le dieron alguna información nueva que no ha compartido con nosotros? ¿Desde un principio sabía que la cifra era inalcanzable y simplemente la usó como un falaz argumento de campaña? Haga un esfuerzo y piense antes de responder. Responda lo que responda, yo me adelanto a decirle: si usted, que como candidato era tan aventado, ahora como triunfador ha decidido ser prudente y sacatón, ése no es problema nuestro. Si usted ha decidido desconocer sus compromisos, nosotros no. No acepto que usted con novedosa cautela nos venga a contar de un 5% cuando ni siquiera nos ha consultado, ni nos ha dado la oportunidad de respaldar la original oferta de campaña. Yo suponía que nos tenía confianza. Pónganos a prueba. Reúnase con sus dotadísimos asesores y preséntenos un proyecto para no fallar. Si hay que ahorrar más, le entramos; si hay que trabajar más, le entramos; si tengo que pagar más impuestos, le entro (siempre y cuando me entregue buenas y transparentes cuentas); si hay que ser más equitativos y generosos, estamos dispuestos. Lo intolerable es que usted por su cuenta nos salga con que a la niña le dan calambres. Veo con horror que usted no aprecia lo suficiente la generosidad, la madurez y la energía que liberó este país el dos de julio. Don Vicente: déjese de tarugaditas y díganos cómo le hacemos para que ese 7% se cumpla. Ya no es compromiso suyo; es nuestro. Es mejor morir intentándolo que disminuir nuestra esperanza. ¿Me entendió o le hago un dibujito?

Julio 23, 2000

Los boteros del vodka

Con tan sonoro título he decidido encabezar esta veloz y alada reseña del brindis realizado por el presidente electo Vicente Fox y su equipo la noche del 2 de agosto en la ex hacienda de Tlalpan. No entiendo por qué me cuesta tanto trabajo llegar a cualquier lugar. No sé si es complot o confusión, pero el caso es que la Hillary pensaba que yo sabía donde era y yo, pues ni pensaba. Habremos llegado unas cinco veces a Topilejo y otras tantas al estadio Azteca; por fin avistamos un lugar pletórico de reflectores y cámaras de TV y, con esa sagacidad que nos distingue, dijimos al unísono: ahí ha de ser. Era. En ordenada fila ingresaban automóviles de muy diversas cataduras; es decir, no era el típico desfile de autos lujosos e inaccesibles para los mortales que se solía ver en los besamanos priístas. Los camarógrafos asaltaban a cada transporte e intentaban meter su cámara hasta por el escape. Yo, nomás para crear morbo, me tapaba el rostro con los dos brazos como si fuera el sobrino del Mochaorejas (yo soy el mucha oreja) conducido a la PGR. Había que pasar luego por el escrutinio del EMP y por fin tocar base en un salón digno y animado, pero de ninguna manera "babilónico", como ya comentó algún cronista que se ve que sólo conocía el merendero El Pato. Denisse Maerker, Javier Solórzano con cara de que se había equivocado de fiesta, Ricardo Rocha y su siempre indescriptible corbata, Carmen Aristegui, inquilina del PH de mi corazón, Javier Moreno Valle con feliz semblante de va de nuez y, en general, las huestes informativas nos apeñuscábamos a la entrada cual si fuéramos gallinas compradas. Jorge Castañeda (a quien todo mundo vuelve a decirle doctor) y Adolfo Aguilar Zinser transitaban por todos los corrillos que, para general sorpresa, pertenecían a muy mezcladas etnias y no adoptaban ese aire de friso de Bonampak que solían tener los supremos señores que en el cercano pasado se reunían, campanudos y extasiados con su propia grandeza, en torno al sacratísimo ungido.

De todo, lo más memorable no es ni siquiera definible: era un aire suave de pausados giros (diría Rubén Darío); una atmósfera leve, cordial e inmensa y justificadamente alegre. Con mala fe, podría traducirse como "¡ya la hicimos!". Yo la percibí como: "tras mucho caminar, ya llegamos al lugar donde podremos comenzar a hacer". Vicente Fox no estaba en su estrado (de hecho, lo trae interconstruido), ni adoptaba pose de afligido santo barroco; estaba encantado de la vida, saludando sonriente y cordial a cada uno de los integrantes de ese grupo no demasiado numeroso de mujeres y hombres libres que nos saludábamos con buen afecto (para mí fue todo un gusto saludar a don Luis H. Álvarez, a Florinda Meza y Roberto Gómez Bolaños que tenían, como todos los ahí presentes, la esperanzadora actitud de sonrientes Lázaros recién resucitados). Ilustres ausentes: los sempiternos señorones del poder, el dinero y la cultura (quizá por esto, el ambiente era respirable y livianito). Por supuesto que de entre los que ahí estaban surgirá buena parte de la nueva clase gobernante en este país y llegará la hora de meternos con ellos y pedirles cuentas, pero lo que ya se puede decir es que los confortables aires republicanos han llegado a México con ánimo de quedarse aquí. Me lo dijo don Luis H. Álvarez: esto ya cambió y no tiene regreso. A todo dar.

Agosto 3, 2000

Un novedoso juego

Parece que fue ayer (este parlamento es típico de los hombres de la tercera edad): su Charrito Negro, su verborreica hermana (la mía, aunque la de ustedes ha de ser igual), mis impertinentes primos y mis amigos el Chilaquil y el Mamut nos enzarzábamos en discusiones violentas e interminables (¡no es cierto, Raúl!... Di lo que quieras, Adriana... ¡No es cierto!). El bravo litigio tenía un sólo tema: ¿a qué vamos a jugar? De no haber sido por mi justiciera y ejecutiva madre, es posible que la discusión prosiguiera todavía y ya estuviera en la corte de La Haya. Mi madre se encargaba de resolver el conflicto con una velocidad que jamás he vuelto a ver en la justicia mexicana. Una puerta se abría violentamente y un grito rasgaba el aire: ¡ya!; ya consiguieron colmarme la paciencia; ¿saben a qué vamos a jugar?: vamos a jugar a que todos nos callamos; ustedes dos se largan a su casa, ustedes dos (el Chilaquil y el Mamut) se van a la calle porque ni casa han de tener, tú te vas a bañar y tú (o sea yo) te quedas porque cosquillitas me hacen las manos (siento que al contar esto, me estoy ahorrando diez años de sicoanálisis). Como solución era impecable, aunque he de decir que esto de jugar a que todos nos callábamos no era especialmente divertido. No lo habrá sido, pero a la vuelta de las décadas llego a comprender que hay momentos (y hay meses) en la vida de una nación en que éste tendría que ser el juego más sensato y más tranquilizante para todos. Y lo peor es que ya no está mi mamá para ejercer justicia fulminante. La sensible ausencia nos obliga a tomar la decisión por nuestro riesgo, voluntad y conveniencia. Alguien tiene que empezar y creo que el más indicado se llama Vicente Fox, que hoy se arrepiente de lo que dijo en la campaña y seguramente mañana se arrepentirá de lo que dijo hoy (¡Creceremos al 7%!... ¡Creceremos al 5% y ya luego nos vamos sobre el 7%!... ¡Creceremos al 4.5%, pero crearemos tantos empleos que hasta Arturo Núñez va a agarrar chamba!). Tres atropellos al silencio y tres pifias enormemente descorazonadoras. Y aquí no se termina el argüende. No. Si algún periodista o comunicador se permite señalar la erosionada inconsistencia de estas declaraciones, de inmediato es señalado con dedo de fuego porque es un flojo, porque es monolingüe, porque es un ignorante y está al servicio de los intereses más abyectos. Uno por uno, cada uno de estos juicios descalificativos podría ser aplicado a éste o a aquel periodista, pero meternos a todos en el mismo paquete es una injusticia y, todavía peor, es una idiotez. Por dar un caso: yo conozco a muchos periodistas que no son monolingües, son semilingües.

En serio, don Vicente, urge revaluar el silencio. Estos días afantasmados no son propicios para comprar broncas, rectificar promesas y aceptar tan ingenuamente cuanta provocación se sirvan despacharle. Si le sirven, hay dos consejos que a mí me han sido de enorme utilidad y en mucho me han ayudado a acercarme a la tercera edad. El primero me lo proporcionó mi venerable cardiólogo, que a la letra dijo: todo está bien, Germán, pero cuídate mucho y no te vayas a morir discutiendo con un imbécil (en las últimas semanas, estas palabras han sido oro molido). El segundo es un corolario a las leyes de Murphy: "Nunca discutas con un imbécil; es posible que la gente no perciba la diferencia". Dicho en términos legales, don Vicente, ya pasó a rasparnos a todos y, en estos días, todo lo que diga será usado en su contra. ¿Y si jugamos a que todos nos callábamos?

Octubre 15, 2000

Vamos subiendo la cuesta

Que aquí en mi calle se acabó la fiesta. Así ve las cosas Joan Manuel Serrat, pero Vicente Fox no es de la misma opinión. Desde su física eminencia, la fiesta apenas va a comenzar. He leído con ese horror y con ese tierno asombro que me producen las invitaciones para una fiesta de 15 años, el programa de celebraciones que el equipo foxista ha concebido y parido para el próximo 1° de diciembre. No me parece ni bien, ni mal; me parece algo peor: es cursi. Creo que nada más faltaron los cisnes de hielo y los violines de Villafontana, pero ya aparecerán. Lo digo en serio: ni que fueran las fiestas del centenario (que tan bonitas le salieron a don Porfirio que no sabía que le quedaban 35 días de reinado). De no mitigar esa lista que yo leí, la toma de posesión de Vicente I va a resultar una mezcla entre la boda de lady Di, la inauguración de las olimpiadas y la coronación de miss Guanajuato. Todo esto (¡que no se vea pobreza!) con cargo al erario (y no, como dice pleonásticamente Raúl Salinas cuando hace telefonemas privados, "el erario público").

No se crea por esto que yo no considero que hay mucho que celebrar (y hay todavía más por hacer). Lo que me ocurre tiene más que ver con eso que se llama pena ajena y con eso otro que alguna vez se llamó sobriedad republicana. Hasta donde sé, México es un país pobre y empobrecido y ya no desea que lo empobrezcan más. Alguien me dirá que estoy exagerando y que las celebraciones no van a salir tan caras, porque han conseguido muy buenos precios en el salón de fiestas Auditorio y los elotes de la verbena popular estaban de oferta en la Comer. Es posible, pero estamos hablando de un candidato que denunció una vez tras otra los dispendios oficiales y sus onerosos protocolos. Si así vamos a estar, todavía no entiendo en qué consiste el cambio. Cualquier funcionario priísta, con pretexto o sin él, organizaba pachangas igual de excesivas e igual de patéticas. En dado caso, yo me hubiera ahorrado esa lana, habría esperado seis años y, si mi gestión como presidente le hubiera traído a México una mejoría sustantiva, me hubiera dicho: ahora sí te mereces una buena pachanga.

Armarla en mi primer día de gobierno me parece de un cierto mal gusto, pero yo no sé mucho de estos fastos cívicos. Lo que ya sé desde ahora es que, en el muy improbable caso de que alguien decidiera invitarme, no asistiré porque me horrorizan las celebraciones faraónicas y porque, entre las contadas certezas que la vida me ha regalado, está la comprobada seguridad de que una fiesta, mientras más ostentosa y retadora es su preparación, más aburrida y menos festiva resulta. En mi casa y con mi gente brindaré por estos seis difíciles años que le esperan a México y, en verdad, le desearé la mejor de las suertes al nuevo presidente y a su nuevo gabinete, que de tanto cocinarse ya se anda tatemando. Resulta además que ese mismo día voy a estar muy atareado, pues por la noche estrenaré en mi giro negro un novedoso y decembrino espectáculo satírico-musical que llevará el galano título de

Cartas a Santa Fox, al que por supuesto está invitado don Vicente para que ría con las botas puestas.

Octubre 23, 2000

CINDERFOX

En un tono entre braverón y explicativo, Martha Sahagún, la voz del cambio, puntualizó y reiteró lo que ya se había dicho aquí: las fiestas de coronación de Chente *The First* van a salir muy económicas. Dos precisiones hace la señora vocera: se erogarán (¿quién?, ¿de dónde?, ¿no es lana nuestra, verdad?) solamente siete millones de pesos (¿tan poquito?, yo me he gastado más en una taqueada) y esa módica cantidad coincide exactamente con lo que se ha gastado en las tomas de posesión de los presidentes anteriores. ¿Enterados?, pregunta la vocera. ¡Enterados! (¡booono, booono!) respondemos los siempre sospechosos chicos de la prensa.

Una vez enterados, queremos saber todavía más cosas y apuntar algunos señalamientos. Es importante dejar claro que estamos hablando de cuestiones públicas y que, por lo mismo, se hacen o deberían hacerse con transparencia y pleno conocimiento de la comunidad. Dice doña Martha que la fiestecita nos va a costar sólo siete millones. Ya es una lana. No tengo elementos para dudar de la veracidad de lo que declara la todavía señora Sahagún, pero se me ocurre que, para evitar toda suspicacia, sería un magnífico ejemplo de transparencia republicana que los foxiorganizadores le proporcionaran a los medios una copia fiel y detallada de su presupuesto de gastos, para que veamos cómo y en qué se aplicarán los dineros para alcanzar la bonita cifra de siete millones. A lo mejor, podemos conseguir precios más accesibles y obtener ahorros sustanciales. También puede suceder que la cuenta no esté bien hecha y esto traiga como resultado que, como ya nos ha sucedido, la vasta y basta pachanga resulte un poco más cara de lo que originalmente se pensó (digamos: unos 15 millones más). ¿Podríamos, si es usted tan amable, tener acceso a ese presupuesto para una fiesta pública hecha con dinero público, o son datos de seguridad nacional?

Hay un segundo asunto. Dice doña Martha que lo que ahora se va a gastar en la elevación a los laicos altares del nuevo señor presidente es lo mismo que se gastaba en los festejos de los anteriores mandatarios. Puede ser cierto (habría que cotejar presupuestos que jamás han pasado por nuestra vista). Lo equívoco es que Martha Sahagún nos lo diga con un tono que parece incluir la pregunta: ¿de qué se espantan si es lo mismo? Me apresuro a responder: eso es precisamente lo que nos espanta: que todo siga siendo lo mismo. Creo que todos los que votamos razonadamente por Fox lo hicimos para que las cosas de este país ya no fueran lo mismo; dicho más abreviadamente: votamos por el cambio. Creo que hasta el mismo Fox habló de cambio, pero ya no me acuerdo bien. De cualquier manera, defender, con el argumento de que van a costar lo mismo que las de antes, esas pachangas que se aproximan, me parece, para el ánimo actual de la sociedad, lo más contraproducente e insostenible. Señora Sahagún: ¿alcanza usted a entender que somos muchísimos los que ya no queremos que las cosas sean como antes?; ¿alcanzan ustedes a entender que, con o sin Fox, México está cambiando y su voluntad apunta por el rumbo del trabajo y la justicia y no está de mucho ánimo para fiestecitas anticipadas? Apenas estamos saliendo del infierno y ya quieren celebrar la llegada al cielo. ¿Cuál? Ojalá y lo entiendan. De no ser así, sigan con sus preparativos. Un cuate mío alquila unas carrozas bellísimas en forma de calabaza para bodas, quince años y tomas de posesión. Y lástima que el Lobohombo ya está muy quemado, porque podríamos rematar ahí con drástico chanclazo popular; o podríamos, a modo de gran final, irnos de viaje, como el edil de Xalostoc a Grecia y Vatisitios aledaños con cargo al erario. No, si les digo.

Octubre 26, 2000

El gabinetazo con botas

En uno de los más bellos, airosos y sobrios edificios de la capital, Vicente Fox, hacia las 12:30 pm, presentó en sociedad a su gabinete de desarrollo y crecimiento sustentable. Inteligente y bienintencionado se mostró el presidente electo al comenzar su presentación con un saludo y una felicitación para Andrés Manuel López Obrador y su equipo de trabajo. La posibilidad de acuerdo y colaboración que de modo elegante planteó Fox necesita aterrizar en los hechos y solicita el apoyo de todos los ciudadanos. Sólo mediante la intensa colaboración del presidente, el gobernador del DF y la sociedad, México volverá a ser nuestra ciudad y dejará de ser nuestro selvático campo de concentración.

Concluyó Fox y tomó la palabra Martha Sahagún quien, en su confirmada calidad de coordinadora de comunicación social de la presidencia, se comprometió públicamente a no dar un sólo paso atrás en lo ya logrado con respecto al derecho a la información. Esto, sin dejar de sonar bien, quizá resulte insuficiente si calculamos desde los ojos de Juan Ciudadano la gran cantidad de pasos que todavía tenemos que dar hacia adelante para conseguir algo que parece elemental, pero que, entre nosotros, se ha convertido en una especie de delirio guajiro y tropical: que lo público sea enteramente público. Entiendo que este cambio inaplazable (ya va siendo hora de que sepamos dónde estamos parados, hacia dónde vamos, cómo pretendemos llegar y con cuánto contamos, en tiempo y en pesos, para cumplir nuestro trayecto) no lo puede operar Martha Sahagún por su exclusiva cuenta. Necesitará de los medios y, sobre todo, necesitará de una sociedad que por fin entienda que, si quiere tomar una buena decisión y revertir el proceso de corrupción, no tiene más instrumento eficaz que la información (señores funcionarios, jerarcas y poderosos: ¡ya salgan del clóset!).

Por la pasarela desfilaron después Jorge G. Castañeda que, como no es ni flojo ni monolingüe, puede ser un excelente canciller siempre y cuando reconozca la existencia del resto de la humanidad. La reaparición de Francisco Gil no me produjo la urticaria que alcanzo a percibir en ciertos medios empresariales. Es inteligente, es eficiente, es duro y creo que es necesario para un país que requiere de un óptimo financiamiento. Pedro Cerisola es muy eficiente y nada le impedirá hacer un excelente trabajo. En el corto plazo, será interesante saber con cuánto espacio de maniobra contará Gil Díaz colocado entre Sojo, Cerisola y Guillermo Ortiz.

Hasta aquí he dicho algo de los que conozco. Obviamente sé (y aprecio) quién es Ernesto Ruffo, pero jamás me lo he encontrado. Lo mismo me ocurre con Derbez, que se mostraba relajado y contentote. Los apellidos Usabiaga, Martens, Lichtinger, Laborín y McCarthy (todos de claro origen náhuatl) me resultan escasamente familiares. Mi sorpresa total fue la señora Leticia Navarro, que igual podría llamarse Cleopatra Antúnez, pues no tenía yo ni la más remota referencia acerca de ella. Me pareció grata, bien dispuesta y con buena inteligencia. Esta es la primera remesa del gabinetazo. Creo que ésta última expresión subraya el prurito de Fox por adelantar vísperas. Lo que por lo pronto se puede decir es que esta parte del gabinete se percibió muy cargada hacia lo empresarial, hacia la educación privada y ausente de lo que podríamos llamar las raíces históricas y sociales de México. Faltó pueblo, pues. Si con estas buenas personas se consigue o no "un gabinetazo" lo podremos decir dentro de seis años y no ahora. Es obvio que esta historia continuará.

Ipiranga II

Mientras contemplaba por televisión esta primera tanda del Principal, una parte de mi demente mente se puso a pensar en la gran familia revolucionaria; es decir, en todos aquellos que, sexenio tras sexenio, se sabían colocados, enchufados, reciclados e invitados al permanente banquete. Por primera vez en 20 años, se tuvieron que quedar en el muelle sin poderse subir al barco (yo espero). Creo que todos percibimos que viene ahora una fase muy delicada del relevo. Hay muchas ratas que no se resignan a no abordar (lo de Juan Pablo de Tavira es todo un abismo). Creo que a Vicente Fox lo que le hace falta es serenidad y paciencia como a Kalimán. Un altísimo porcentaje de estas ratas se autodestruirá en muy breve plazo. No es una especie muy acostumbrada a vivir en la intemperie y la violencia de sus reacciones es el mejor aviso de su pánico. Habrá que dejarlas que se merienden unas a otras. Cumplido este ritual, Fox y la sociedad nos las entenderemos con los tres o cuatro roedores sobrevivientes. Serenidad y paciencia, mi pequeño Foxín.

Noviembre 22, 2000

El gabinetiux I

Viernes 24 de noviembre. Vicente Fox avisó que se estaba tardando en el anuncio de su equipo de trabajo porque lo estaba cocinando con mucha calma y miramiento dado que no quería ofrecernos *fastfood* (voz náhuatl que puede traducirse como "bazofia preparada a base de prepucio de gato"), sino que se proponía confeccionar un gabinetazo. Todavía hace unos días, entre ingenuo y socarrón, Chente declaró que la iba a hacer tardada, para que sintiéramos una emoción similar a la que los hombres experimentamos cuando sacamos a bailar a una muchacha y ésta nos muestra un tobillito en calidad de anticipo de lo que vendrá después (conclusiones provisionales: a) Vicente Fox asistió a su baile más reciente en La Lonja de Irapuato en 1918 y b) Vicente Fox jamás asistió al Lobohombo, donde lo único que no enseñaban las chicas era el tobillito). De acuerdo con este suspense telenovelero, la presentación en sociedad del mentado gabinetazo también se planeó en varios y estrujantes capítulos. El miércoles 22 pudimos presenciar el primero. Hoy, jueves 23, me asomo a la prensa y encuentro que, en general, los analistas políticos (llámase así a un grupo de intrépidos seres que se proponen como tarea principal mentarle por escrito la madre al gobierno a causa de lo que ya hizo o de lo que pudiera hacer) no están del todo contentos con este primer embarque de borregos del Tec. Dicen (decimos) que hay demasiados *yuppies*, demasiados gerentes (Granados Chapa habla de Fox and Co.), demasiados inocentes y un desalmado como Paco Gil. Tampoco están muy a bien con la inopinada aparición de Leticia Navarro quien, mediante un sorprendente salto mortal, pasó de la exitosa distribución de depiladores a la Secretaría de turismo. En el caso de doña Lety no comparto tan fulminante descalificación (ni que Óscar Espinosa hubiera sabido más); lejos de eso, me pareció una mujer guaposa (se parece a Cher y presiento que Martha Sahagún escuchó pasitos en la azotea), emprendedora y acostumbrada a ganar por las buenas. Otro cuestionamiento que se hacen nuestros politólogos es éste: si Fox iba a terminar escogiendo básicamente a sus cuatachones guanajuatenses y a sus operadores de campaña, para qué demonios armó todo el pancho de los *head hunters* y la oferta de tráiganos su currículum y gánese una secretaría. Yo compartiría esta perplejidad, pero prefiero esperar a conocer el reparto completo. El caso es que nuestros expertos no están demasiado contentos con el perfil tan catrín y perfumado (excepción hecha del rey del ajo) del gabinete económico (y aquí surge otra duda: ¿qué extraña señal quiso mandar Fox al incluir Relaciones exteriores en el área económica?, ¿irá a poner a Castañeda a vender parcelas embajada por embajada?, ¡y en la compra de Chiapas, llévese el cofre de Perote!).

Muy sucintamente, esta es la opinión de los expertos. Curiosamente, los inexpertos llamaron al noticiero de López Dóriga y el 70% de ellos aprobó a los nuevos funcionarios. Yo diría que expertos e inexpertos se están precipitando.

Tal como están ahora las cosas, opino que lo que nos toca es abrir un esperanzado margen de duda. ¡Es que quieren convertir el país en una empresota!, me dirá algún acelerado. De momento, sólo podría responder con una pregunta elaborada en el ingrato territorio del mal menor: ¿qué preferimos que sea México: una empresa eficiente (Fox and Co.) o una cleptocracia (PRI Inc.)?

Noviembre 24, 2000

El gabinetiux II

Lunes 27 de noviembre. En el segundo capítulo del ya prolongado drama titulado por su autor "El gabinetazo", los "medios" y los invitados especiales fueron citados en horario matutino y ahí, en el armónico y fresco edificio de la antigua Academia de San Carlos, desfilaron los presuntos indiciados para formar parte del llamado gabinete de desarrollo humano. La sesión resultó mejor organizada, más relajada y, en general, más satisfactoria que la primera. Percibo que la politología ha florecido instantáneamente en nuestro país y que, con bases o sin ellas, los muchos seres que me rodean ya tienen una nítida opinión sobre el gabinete. Esto es un logro admirable; no es fácil formarse una opinión acerca de un equipo cuya alineación aún no conocemos enteramente, pero que, además, ni siquiera ha ocupado su cargo. Envidio a mis compatriotas que ya saben exactamente qué tan bueno o qué tan malo resultará el gabinete de Fox. Yo estoy obligado a informar que no sé nada al respecto y que prefiero esperarme a que transcurran los primeros cien días de gobierno foxista para poder decir algo que tenga cierto fundamento.

Porque, además, hay otro peligro: si determinado grupo al que se le ha encargado determinada tarea recibe, antes de emprenderla, el total aplauso o la lapidaria reprobación, casi podemos asegurar que las cosas irán mal. Más sano y más civilizado sería brindarle, de entrada, nuestra confianza y concederle, como ya decíamos en la anterior columna, el privilegio de la duda. Si alguien dijera que tal libro es desastroso (o maravilloso) porque ya leyó el prólogo y le molestaron su contenido y su autor (o lo contrario), diríamos que quien nos dice esto ya se volvió loco. Pues, queridos compatriotas, muchos de nosotros andamos en las mismas con respecto al equipo del inminente poder ejecutivo. No seamos salitrosos. Siquiera hay que dejarlos llegar.

Además, tomemos en cuenta que no nos están pidiendo demasiado. Si nos hubieran dicho que en el nuevo gabinete iban a quedar los Arellano Félix, el Mochaorejas, Raúl Salinas, Ortiz de Pinedo en Cultura, la Pelangocha en Salud, La Chupitos en Hacienda, nuestra escalofriada repulsa sería perfectamente justificada; pero, venturosamente y hasta el momento, no es el caso. Permítanme notificarles que en el equipo de Fox hay mexicanos sobresalientes. Nombro a algunos cuya decencia, patriotismo y talento me constan: Xóchitl Gálvez, compañera de muchas batallas en favor de la alimentación de los niños indígenas; Luis H. Álvarez, un político impecable que quizás hubiera requerido, para el cabal cumplimiento de su nueva tarea, de la compañía de su entrañable amigo/adversario Heberto Castillo; Julio Frenk, médico eminente y con reconocimiento internacional que regresa a su país sin otra intención que servirlo; el exrector, Sarukhán y el rector del Tec, Rangel S., cuyo valimiento académico y civil no admite duda. Podría nombrar más; podría también deslizar ciertas reticencias frente a la probable mamonería de don Carlos Abascal o frente al alarmante parecido entre Reyes Tamez y Agallón Mafafas, pero entiendo que son asuntos menores. Otro dato interesante que vale la pena ponderar: el aval moral que a este nuevo equipo le otorgó con su pura presencia don Gilberto Rincón Gallardo. Y que conste que no llegó ni a abdicar de nada, ni a mostrar la menor sumisión. Con ese buen criterio que debe tener la izquierda democrática, Gilberto aprovechó la posibilidad de encabezar un esfuerzo de estado (no de gobierno) para reducir los infinitos modos que tiene la discriminación entre nosotros.

Conclusión: no hay purrún. ¿Qué tan bueno será el gabinete? Respuesta: tan bueno como la ciudadanía, con su compromiso, le exija. Lo demás es terrorismo, nostalgia priísta, ganas de fregar o voluntad apocalíptica. Creo que de todo corazón les tenemos que decir (con música de José Alfredo) a los ya nombrados: ojalá y que les vaya bonito.

Noviembre 26, 2000

Mis vecinos

Cuando leas estos renglones, lector condenado a la emocionante tarea de protagonizar el cambio, faltarán escasos tres días para que la familia Zedillo asuma la elevada dignidad de ser mi vecina (me imagino que esto debe ser, para los Zedillo, lo más parecido al sueño posible de XE-TÚ). En aras de la civilidad, la buena convivencia y el respeto que todos nos debemos, me permito presentar aquí un primer borrador de un pacto de amistad y límites que le dé norma y cauce a nuestro trato vecinal.

Por carecer de la suficiente información confiable (y decir esto ya implica un reproche) me reservo para mejores tiempos un juicio fundado y amplio acerca del desempeño público del C. Ernesto Zedillo. En este momento, me pregunto si el "error de diciembre" no pudo manejarse de manera menos traumática, me inconformo frontalmente con Aguas Blancas, Acteal, Fobaproa, la ambivalente relación con el impresentable Roberto Madrazo y con Óscar Espinosa. Me ofenden igualmente su incapacidad política y humana para encontrar una salida razonable al problema de Chiapas y, muy especialmente, los millones de pobres que financiaron esas buenas cuentas macroeconómicas que usted, con tanto orgullo, entregó a los organismos internacionales y el alucinante crecimiento del narcopoder. Hablan en su favor la sobriedad de su desempeño, la ostensible reducción del imperio presidencial, el tono menor en el que usted se esforzó por cumplir una encomienda que, todo así lo indica, usted no buscó ni sintió adecuada para sus capacidades. Muy especialmente, usted se consiguió un impensado lugar en la historia al redactar en cinco minutos el acta de defunción del viejo PRI mediante el inédito y admirable expediente de reconocer el triunfo de Vicente Fox. Deja usted el poder y lo hace, como no lo hizo Salinas, con mesura, comedimiento y buenas maneras. En muchas ocasiones he manifestado mi desacuerdo con su desempeño público y con el permanente aire de incomodidad y hartazgo de la primera dama. Todo esto terminará el próximo viernes. Mientras no entorpezcan la vialidad (cosa que ya han hecho), me parece muy bien que vengan a vivir a este barrio. Si como figuras públicas pude eventualmente encontrar en ustedes rasgos criticables, como ciudadanos privados lo único que me corresponde es el respeto y la amabilidad. Si cualquier día de estos necesitan, no sé, una tacita de azúcar o un tanque para bucear, no vacilen en acudir a sus vecinos. Si resulta que nos mandan a la misma hora a comprar el pan, o a la tlapalería por aguarrás, o le viene la loca y tardía idea de inscribirse en el PRI, yo lo acompaño para que me platique bien cómo estuvo la sopa en este sexenio que, a trancas y barrancas, va terminando aceptablemente (estamos vivos) y en el filo exacto entre la incivil violencia y la enérgica esperanza ciudadana. Más no digo, estimado vecino, porque no sé más. Ahora que vuelva usted a ser ciudadano, verá lo impostergable, lo urgente que es estar informados bien y a tiempo de lo que ocurre en la vida pública. En lo que esto sucede: bienvenidos sean al vecindario.

Lo que nos faltaba

Voy a interrumpir esta transmisión porque son las siete de la noche y Chente y la Marthiux están a punto de dar a conocer lo que ya todos conocen (o creen conocer): los miembros restantes del gabinete ampliado y rediseñado. Voy, veo y luego regreso... Encendí la TV y, lo juro, un cintillo de Sky TV anunciaba: "Aventuras en pañales" (mi mejor deseo es que sea un error). Ahora sí ya tenemos un gabinete completo. De hecho, han aparecido las dependencias y los rubros más exóticos. Es lo malo de darles tanto tiempo. Un mes más y hubieran creado la Comisión nacional de atención a buzos (la Conabu) y la Oficina para la defensa de los derechos de los zurdos (la Odedezu). Espero que todos (los ya nombrados y los que nos faltaban) hagan bien su trabajo. Estoy en espera de que alguien me explique por qué un militar que, además, no tiene un respaldo unánime quede a cargo de la PGR. Permanezco también aguardando una explicación que justifique en la práctica por qué subsiste la Secretaría de la reforma agraria y por qué se siguen duplicando las funciones de Sectur y Fonatur, del IMSS y del ISSSTE. En este último tercio del gabinetazo, me quedo con la firmeza y la buena articulación de Santiago Creel, la norteña energía de Pancho Barrio y la tenaz voluntad de Adolfo Aguilar Zinser por reforestar el desertificado bosque de la legalidad mexicana. Gabinete habemus: son hombres y mujeres tan bien dispuestos y tan falibles como tú y como yo. Enjuiciarlos, aprobarlos y/o condenarlos cuando aún no toman posesión de su cargo, me parece entre estúpido y malévolo. Yo no le entro. Prefiero esperar que transcurran por lo menos tres meses y externar una opinión. Cada quien pensará que podría haber sido mejor o peor. Lo real es que, como dicen en nuestro campo: con estos bueyes hay que arar. Los labradores somos nosotros.

Noviembre 27, 2000

Adiós, muchachos

Si has llegado, lectora, lector querido, con bien (o sin demasiado daño) a este 29 de noviembre del emocionante, tumultuoso y contrastado año del 2000, es muy posible que te sientas, como yo, parado en un estrecho oteadero (¿se acuerdan de Zedillo ofreciendo una conferencia de prensa en la Barranca del Cobre?), rodeado de inmensidades poco discernibles: el bronco pasado que fueron creando y abrumando "los gobiernos emanados de la revolución" y un futuro cuya misma novedad lo hace temible para muchos, esperanzador para otros muchos y enigmático para todos. Ambas inmensidades son retadoras e invitan, a beneficio de la tranquilidad y la buena conciencia o inconsciencia, a las generalizaciones y a las condenas o entusiasmos fanáticos e irrestrictos. En estos tiempos podemos escuchar los más diversos pareceres. Los hay que afirman que el PRI fue una maravilla y que los ingratos pérfidos que lo despojamos del poder ejecutivo pronto nos daremos cuenta y nos arrepentiremos, pues tardíamente advertiremos la intrínseca maldad del foxismo. Los hay que dicen que nada hay de rescatable en los últimos 70 años y que la verdadera y triunfal historia de México está por comenzar. También existen —y son una maravilla de lucidez— los que opinan que lo que ocurrió en el pasado y lo que ocurrirá en el futuro serán dos periodos igualmente espantosos y la única salvación de la patria hubiera sido que Madero, con vidente anticipación, se hubiese registrado en el PRD, partido que por ser el único representante de "las legítimas aspiraciones del pueblo mexicano" seguiría gobernando feliz e ininterrumpidamente hasta el 2100. Bueno.

Me temo que la realidad es más complicada que esto. Aventuro que la evaluación fina de la presencia del PRI en el poder, y de su interacción con la sociedad mexicana, todavía está por hacerse y que, cuando llegue la hora de hacer cuentas, arrojará, para el partido y para la sociedad, logros importantes y fallas graves, material para el reclamo, pero también para el agradecimiento. Decía Balzac que "de las ansias de la memoria nacen los deseos." Leámoslo así: una comunidad que no escruta y pacifica su pasado con sereno raciocinio, difícilmente imaginará y cumplirá un futuro armonioso, bonancible, superior. Llegó la hora de pedir la cuenta, de revisarla, de despedirnos con buenos modos (adiós, muchachos) y de salir a la vida (la hermosa vida, diría Sabines).

Gracias, muchachos

Muy larga sería la lista si tuviera que enumerar a todos los funcionarios de los regímenes priístas que, a mi juicio, le han prestado con su inteligencia y honradez buenos servicios a la patria. Ésta incluiría, por mencionar solamente a tres, a Antonio Ortiz Mena, a Jesús Reyes Heroles y al doctor Federico Wolpert, hombre sabio y generoso. Por estrictas razones de espacio, me limito a mencionar a algunos miembros del actual gabinete saliente cuyo desempeño me ha parecido encomiable. Dos de ellos están condenados a ser mis perdurables amigos: Miguel Limón Rojas, jarocho benemérito, vasconcelista notable, aventajado intérprete de Lara, puma irredento y excelente secretario de Educación. El general Enrique Cervantes Aguirre, a quien disculpo de todo corazón por la emboscada que me tendió en la selva y a quien admiro por su tranquila lealtad a su presidente, a su patria y a su dulce esposa. Diré también que admiro y quiero a Julia Carabias y le refrendo nuestro compromiso con el bosque y con Chapala y Pátzcuaro, los ojos de la patria. Y la lista seguiría: Genaro Borrego, Esteban Moctezuma, Jesús Salazar Toledano, Cristina Alcayaga (guapa ella), Roberto el "Galletas" Campa Cifrián, Rafael Tovar de Teresa (cómplice literario-musical) y algunas y algunos que, o no conocí, o no alcanzo a nombrar; a todos ellos y a nombre propio: muchas gracias, mushashos.

Noviembre 28, 2000

El gabinetiux III

Miércoles 29 de noviembre. Primero dijeron que sería el lunes por la mañana; luego avisaron que, para no quedarnos mal, mejor lo pospondrían para el miércoles en la tardecita. Finalmente fuimos notificados de que, ahora sí seguro seguro, sería el lunes a las 19 horas. No es mi caso, pero puedo imaginarme las trémulas angustias musicales de los que mandaron su currículum, de los que recibieron algún primer telefonema, de los que son amigos de un amigo y de los que llevan dos meses sin trabajar, en espera de que algún familiar o conocido quedara colocado y éste viniera a redimirlos, por seis años más, de la bíblica maldición laboral. Como no es mi caso y llevo más de 40 años resignándome al trabajo cotidiano (hasta gusto le estoy agarrando), puedo opinar de manera más distante y ponderada acerca de cómo voy viendo el gabinetazo. Hago la importante salvedad de que todo lo que diga no pasará de ser una primera impresión que necesariamente se afinará, positiva o negativamente, con el paso del tiempo.

Así de golpe y al bote pronto, encuentro al equipo de Fox heterogéneo y poco compenetrado como equipo. Ya sé que predominan los empresarios y los borregos del Tec, pero salvo en el caso de los que ya gobernaron o colaboraron con Fox, siento que, por así decirlo, cada uno llegó desde ámbitos y niveles muy diversos. ¿Lograrán todas estas etnias formar una nueva tribu disciplinada y orientada en la misma dirección? Me dicen que esta es la tarea de Luis Sojo: acomodar todas las piezas, delimitar las áreas y procurar la sana interacción entre todas las dependencias. Es posible que a esta igualación de las diversidades colabore también el liderazgo y la capacidad de comunicación de Vicente Fox.

Otra novedad: la nomenclatura, jerarquización y organización de este equipo de gobierno. Todo indica que entre el primer mandatario y su gabinete, habrá una especie de súper gabinete cuya existencia y funciones no están contempladas legalmente. Salvo en el caso del general Macedo de la Concha, nada se dijo respecto al hecho de que tal o cual nombramiento fuese provisional y estuviese sujeto a la aprobación del Poder legislativo. Por ahí puede aparecer un primer punto de fricción (o de negociación) con esas cámaras donde Fox no tiene mayoría.

La extrañeza y hasta irritación que ha provocado este nuevo organigrama también tiene mucho que ver con las inercias mentales y el conservadurismo de la sociedad mexicana, que se muestra desconfiada ante las novedades. Más allá de los reparos legales ya expuestos, este es un aspecto que habrá de manejarse con especial cuidado. Por insondables razones, los humanos nos aferramos a la poco defendible noción de que las cosas hay que hacerlas como se han hecho siempre, aunque nadie o muy pocos estén satisfechos con los resultados. Como diría el gitano: son los misterios del cuerpo humano. Sacatones como somos, todavía nos fruncimos más cuando la extraña imaginación guanajuatense decide etiquetar este novedoso (y por lo tanto, ya temible) organigrama con unos títulos como "orden y respeto" (¿y por qué no "pedal y fibra" o "calma y nos amanecemos"?) que suenan muy aptos para organizar el funcionamiento de una secundaria en Salvatierra, pero poco eficientes para encauzar a un país de cien millones de habitantes resabiados, broncos y retobones. Las palabras cuentan. Fox, por ejemplo, ya tendría que jubilar el adjetivo "maravilloso" porque ya se lo aplicó a los soldados, a los chiquillos, a los changarros, a los migrantes, al ganado vacuno y a los amaneceres del Bajío. Digamos también que si finalmente el equipo de Fox acaba llamándose "Chente y su sonora caliente", pero hace un trabajo efectivo y respetable, el nombre acabará siendo lo de menos. El caso es que ya conocemos completa la alineación titular. Hay suficientes nombres honorables y de prestigio; hay también gente nueva que se ha incorporado de buena fe y con evidente entusiasmo. Faltamos nosotros. Es hora de incorporarnos aunque no nos presenten en San Carlos.

Noviembre 29, 2000

Novedad de la patria

Aquí en Guadalajara no es tiempo de jacarandas, pero como si lo fuera. La ciudad está guapa, el sol es amable, las mujeres sonríen, los hombres saludan y los niños en ellos se están. Mientras allá en el hospicio Cabañas, el hombre de fuego —soledad en llamas— todo lo concibe sin crearlo, yo, tú, nosotros estamos paladeando el grato sabor del último día del PRI. En todo nos fijamos, porque esto habrá que contárselo a nuestros nietos. Nos tocó estar, asistir, participar en una epifanía civil: la aparición del ciudadano. Es posible que cuando tú leas esto, el cambio de poderes ya se haya consumado. Es posible que seas tan joven como para no entender la magnitud y la trascendencia de lo que hemos logrado los ciudadanos. También es probable que ya te hayan envenenado el alma y convencido de que no es para tanto y que no fuiste inteligente al rechazar la brusca y enferma mano paternalista, en favor de la riesgosa aventura de la fraternidad. Ni modo, manito, te equivocaste otra vez. Así nos dicen. No les creo. Nuestra pudrición moral y cívica era ya intolerable. Aquí hago una pausa. Tocan a la puerta de mi cuarto. Un paisano me trae un regalo. Se trata de un cristalino recipiente adornado con papeles de china de múltiples colores. Contiene frutas: manzanas, peras, duraznos, uvas. Es una ínfima metáfora del México que nos robaron, que permitimos que nos robaran. Aquí está de regreso, aunque sea en calidad de promesa y de regalo. Bien pensado y bien imaginado, nadie merece una patria, pero nadie puede negarse el privilegio de soñar, imaginar y trabajar para tenerla. Ya llegó y es una entera novedad.

En todo esto hay dos historias, o, como dirían los mayas: una cuenta corta y una cuenta larga. En la pequeña historia está Vicente Fox y su agradecible irrupción en lo que parecía la eterna noche de nuestro desconsuelo. En un gesto magnífico, decidimos corresponder a su bravura y le dimos trabajo como presidente. Le avisamos que nuestra esperanza es que haga bien su tarea y que, con regularidad, nos entregue buenas cuentas y mejor información con todo y el muy mestizo equipo que se consiguió. Todo esto cae dentro de lo que él mismo llamaría el círculo rojo, es decir, el ámbito de lo urgente, de lo inmediato. Hay otro círculo. Llamémosle el círculo verde. También podríamos llamarlo el espacio de la democracia recién avistada. En este territorio, los protagonistas somos tú y yo, lectora, lector querido. En esta cuenta larga, Vicente Fox es un episodio, un capítulo crucial de una historia cuyos discretos héroes somos nosotros, los que vienen después de nosotros, la perceptible gravitación de nuestra historia y nuestra voluntad de futuro. No somos poca cosa y no es poco lo que logramos. Hemos escrito la emocionante historia de un país que aceptó tanto polvo y tanta mugre que ya iba de lo borroso a lo invisible. Ahora vemos. Los colores han regresado y la nación vuelve a dar señales de vida. Propongo un ejercicio simbólico: tomen al país entre sus brazos, acérquenlo a su pecho, dejen que Baja California penda tranquila en su espalda y denle a la maltratada criatura unas palmaditas en Veracruz (o en Yucatán, esto es al gusto): ya pasó, ya pasó, ya se va el señor Gamboa, la señora Sauri, el señor Madrazo… ¿Te asustaste mucho? Pues sí. Pero ya no llores, ahora estás con nosotros. Tocan a la puerta. Tan-tan; ¿quién es? Es la patria, la novedad de la patria.

La fiesta

Por vida suyita entiendan que hoy es día de fiesta. Panistas escamadones, beligerantes perredistas, priístas decentes (los hay), ciudadanos; todos tenemos hoy algo que celebrar. Hasta donde alcanzo a conocer nuestra historia, en nuestro país nunca habíamos tenido un milagro colectivo como el que provocamos el 2 de julio. Lo propuso el presidente Chente, pero lo ejecutamos todos. Los que votaron a favor, los que votaron en contra y los que no votaron. Si no incluimos a todos es que no hemos entendido todavía lo que es la democracia. Toda dictadura celebra el triunfo de las hipotéticas mayorías; la democracia y su ejercicio nos incluyen a todos y no censuran ni la crítica ni la oposición de nadie.

Agonizaba el siglo XVI y un hispánico sacerdote, Bernardo de Balbuena, castigado por la grilla novohispana, se puso a escribir un poema titulado *La grandeza mexicana*. Imagínense. Quería ser rector de la universidad. El conmovedor Balbuena no sabía que nunca lo iba a lograr y que la verdadera grandeza mexicana se comenzaría a cocinar, a mediados del siglo XIX, con la generación de la reforma, y estaría dispuesta a ofrecer su primer platillo en el umbral del siglo XXI. Por eso es nuestro canto y por eso es nuestra fiesta. Hoy puede vivir y ser la grandeza mexicana. ¡Salud, Chente!

Noviembre 30, 2000

Viernes santo I

6:00 a.m. Amanecer tapatío. Después de una fragorosa jornada en Guadalajara que remató en la FIL con la acontecida y divertida presentación del libro *El oro del Rey* de A. P. Reverte y con una alucinada cena en compañía de puras glorias de la actual narrativa española (¿por qué, si los leo con mucha fluidez, no les entiendo nada cuando hablan?), me retiré a dormir unas cuantas horas peladamente interrumpidas por el teléfono de mi cuarto. No había tiempo que perder. Había que tomar el avión y regresar a México para llegar a tiempo al Tepidesayuno. Todo estaba perfectamente planeado, pero el ejecutivo propone y el meteorológico dispone: el avión saldría con más de una hora de retraso. Ni modo. No pude estar en Tepis, pero envié, en mi representación, a mi suéter Azul (rugiente sector popular) y a Vicky González Torres quien, fuera de mi control, le aventó el perro a Chente y hasta le dijo que tenía "ojos de chiquillo" (al paso que vamos, los "maravillosos chiquillos" —méndigos maloras— van a ser los protagonistas del sexenio con Joserra como líder natural). El resto del día fue la esquizofrenia pura. Se trataba de vivir y atestiguar el cambio de poderes y, al mismo tiempo, ensayar febrilmente *Cartas a Santa Fox* que se estrenó esa misma noche con inexplicable y razonable éxito. Serían las dos de la mañana cuando llegué a mi domicilio en calidad de jerga de gasolinera. ¡No puedo creer que seas tan obsesivo!, me dijo la senadora Hillary cuando me vio con los videocasetes que fueron grabados a lo largo de la muy memorable jornada. No me dijo nada más, porque se coaguló sólidamente en tres segundos *flat*. Cuando volteé a verla, ya era el Ixtaccíhuatl. Yo todavía resistí cerca de cuatro horas. No me arrepiento. Vi a Fox orando en la Basílica rodeado por un enjambre de "jerarquías" (bien por la oración; de las "jerarquías" luego hablamos); vi lo de Tepito con Martha Sahagún despachando tamales; vi a Eduardo Andrade que ya desde esas horas andaba jaladón; vi y oí a Enrique Jackson que, a golpe de colmillo, transformó su dudosa trayectoria en altar a la República; vi a Zedillo solitario y tranquilo con su bandota que, como era para Fox, le quedaba como huipil oaxaqueño; vi a la Sauri que siempre sí se animó a asistir y llegó como Santoclós de Sears y vi y escuché al Presidente Fox pronunciando un discurso moderado, inteligente e incluyente (contra el escándalo de algunos, a mí no me pareció mal que comenzara con un saludo a sus hijos). ¡Chiapas!, vociferaban los priístas que, en mucho, provocaron ese alzamiento y en seis años nada efectivo hicieron para restablecer la paz... ¡Juárez!, gritaban enloquecidos los que más han negociado y traicionado la herencia juarista. Dos atinados muletazos de Fox y nuestros "maravillosos opositores" de última hora se pusieron sosiegos. Fue tal vez un discurso demasiado largo, pero no encuentro en él ningún concepto desatinado, o alguna propuesta inaceptable. Tal como fue planteada, me parece una muy apoyable y emocionante propuesta de país. ¡Puras palabras!, dirán los escépticos de siempre (que también son necesarios). Yo pienso en dos versos de Gabriel Celaya: "Son gritos en el cielo/ y en la tierra son actos."

Vicente Fox ya puso el grito en el cielo; a él, a su equipo y a nosotros nos corresponde lograr que en la tierra sean actos. Muchas otras cosas vi en esa jornada particular. Seguiremos platicando...

Diciembre 3, 2000

Viernes santo II

Yo así no juego (ni escribo). Sin previo aviso, aquí en el altiplano se soltó un frío ultrapelado. Ya se me enjutó la neurona y traigo en la calva un casquete polar. Está visto que en México 2000 todo ocurre de golpe y todo nos sorprende tragando bolas. Aterido y todo, retomo mi veloz reseña de los admirables hechos acontecidos el pasado viernes primero.

Varios cronistas y analistas de la realidad mexicana han escrito que ese "Juárez, Juárez, jóvenes" que Fox pronunció en San Lázaro (patrono de los leprosos) fue una burla a la república liberal. Yo no lo percibí así. Lo entendí más como un acto de sagacidad política y de reconocimiento histórico. A fin de cuentas, el México independiente (o lo que hayan dejado los priístas) existe gracias a Juárez y sus admirables muchachones. Si el discurso entero de Fox fue un llamado a la reconciliación y a la inclusión, no veo por qué tendría que dejar fuera a la iluminada generación de la reforma. El tiempo lo dirá. Terminó el evento en el Congreso y vino luego una extraña sesión de repaso en el auditorio. El público era mucho más favorable y todo podría haber salido bien, aunque levemente aburridón por reiterativo. Lo que resultó entre inopinado y crispante fue la irrupción de la foxita con su cruz. Hago la enfática aclaración que una y otra, en su lugar, me parecen totalmente respetables. Mi incomodidad es de origen evangélico y tiene que ver con la poco feliz mezcla de los asuntos del César con los asuntos de Dios. Tiene que ver también con Machado, pues sería más de mi gusto ver a Fox sin madero y andando por la mar, aunque sea con botas. Algo me dice que el propio presidente Fox sintió un desasosiego similar al que muchos experimentamos.

Saludos al Ejército, que ya estaba más o menos asoleado. Comida rumbosa. Conatos de bronca aquí y allá. Verbena popular con Mijares al canto (fue muy consolador comprobar que nuestro glorioso himno es incantable pues el pérfido Nunó se encargó de hacerlo para soprano y bajo profundo). Fox se despoja de los ornamentos rituales y baja a torear el frío con la multitud. Nada objetable. Lo que encuentro admirable es la resistencia del individuo. Se ve que Chente es de carrera larga. Todavía de ahí se arrancó a Chapultepec a tirarle los guanajuatenses perros a la turbadora Madeleine Albright (¡lo hizo por México!). Para los medios, la jornada remató en Televisa con Eduardo Andrade en el patético papel del "Chicote" exigiendo su tequila y exigiendo su canción (¿se imaginan la megacruda? Pompín diría: ¡qué bonita familia!, ¡qué bonita!). De lo que ocurrió con Fox después de Chapul ya no hay noticia. Con la cuerda que traía es capaz de haberse ido al Titanium, pero este dato permanece en el misterio. Bromas aparte, fue un día particular, especial, memorable. No me parece razonable ni justo decir ahora que nada ha cambiado o que lo que ha cambiado ha sido para empeorar. Creo que ya va siendo hora de que le demos a la sociedad su justa dimensión y le reconozcamos el peso específico que tiene para inclinar las cosas del lado de la catástrofe, o del lado de la construcción de un democrático pacto social. Acaba la fiesta. Trabajemos.

Recado a M. Sahagún

Leo sus declaraciones acerca del "respeto irrestricto a la libertad de expresión" y acerca de la dosificación de la información referente a los asuntos públicos. No lo encuentro muy lógico. ¿Si no estoy bien informado qué voy a expresar? Paso por alto esta inconsistencia y, en uso de mi libertad de expresión, solicito la siguiente información: en cantidad y en calidad, ¿cuánta información recibiremos?, ¿cuáles son los asuntos públicos que no se harán públicos?, ¿por qué?, ¿hasta cuándo?, ¿se trata de la seguridad del estado o de la inseguridad que el estado tiene con respecto a la madurez ciudadana? Pregunto. El que también pregunta es Juan Ciudadano. Y ya me voy antes de morir como sherpa abandonado en el Himalaya.

Diciembre 4, 2000

Videofox

No es mi asunto (quizá de algún modo lo sea), pero percibo y no soy el único, que la estrategia de comunicación del presidente Fox es, por decir lo menos, espontaneísta, banquetera y errática. Creo que tiene graves problemas de planeación y de producción. En principio, no estoy cuestionando las buenas intenciones, ni la decencia, ni la voluntad de beneficiar a México del actual gobierno. Yo ciudadano voté por Fox (y volvería a hacerlo), pero yo comunicador me erizo un poco (o un mucho) cuando veo y oigo las maneras que se están empleando para avisarme quién es y qué quiere este nuevo presidente que se llama Vicente Fox.

Veamos. En el último fin de semana, Fox compareció dos veces ante las cámaras de televisión. En la primera, le permitió a Héctor Aguilar Camín y al equipo de Zona Abierta entrar a la residencia oficial de Los Pinos para que le hicieran una entrevista (la primera que concede ahí a Televisa y ya en su calidad de presidente en funciones). El programa no me dejó una sensación grata. Aguilar Camín tiene ya doce años largos de entrar y salir de Los Pinos con entera familiaridad y derecho de picaporte. Vicente Fox tiene apenas un mes y se me hace que todavía no sabe dónde están todas las llaves (¿Zedillo habrá cambiado las cerraduras?). Como resultado de esto, el entrevistador se percibía mucho más en su casa y en su ambiente que el entrevistado. Además, Fox es un hombre de exteriores, de aire libre y de atmósferas naturalmente iluminadas. La imagen televisiva era penumbrosa, agobiante y tensa. Aguilar Camín llevaba sus preguntas por escrito y Fox respondía al bote pronto y no una, sino varias veces, se enredó con el vocabulario, la gramática y el buen sentido. Declaró formalmente inaugurados los verbos mendingar y apoquinar, confundió a Cuauhtémoc con Lázaro y a la hora de "explicar" su relación con Júarez nos hundió a todos en la duda metafísica (¿lo quiere, no lo quiere?). La disposición escénica también me pareció desastrosa: dos sillas del comedor (la de Fox le quedaba chica) enfrentadas de tal modo que obligaban a los interlocutores a ser dos perfiles en la sombra. Por momentos, Fox parecía un esbozo impresionista. Supongo que la cercanía de un edecán militar es indispensable, pero no veo por qué tiene que salir a cuadro. La que a nadie le parece necesaria es la aparición, libraco en ristre, de doña Martha Sahagún y ahí la tuvimos. Fox es dinámico y se vio incómodo y encorsetado. Las botas no fueron de mucha utilidad y, en esta situación específica, la estatura fue más un estorbo que una ayuda. Resultado final: ganó Aguilar Camín, perdimos Fox y los demás. La receta para estas ocasiones la proporcionó el mismo presidente: cerrar el pico.

Al día siguiente, por cadena nacional, vimos y escuchamos el saludo de año nuevo que nos enviaba el Presidente. Aquí Fox se veía mucho más relajado y en ambiente. Rodeado por mexicanos y mexicanas, por ancianos y chiquillos (que ya no son maravillosos), Vicente Fox de dirigió a ellos y a nosotros. Supongo que el objetivo era crear una imagen de frescura y espontaneidad. De nuevo, la producción conspiró contra eso. El fondito musical volvió telenovelero lo que tendría que ser natural. El exceso de selección de etnias también fue notorio y por lo mismo ineficiente (había hasta un pobre futbolista a punto de hacerse la vasectomía con los pantaloncillos). Fox pidió para todos nosotros la bendición de dios. La recibo, la agradezco y le recuerdo al presidente el lema de Montaigne: "Cuídame, Dios, de mí". Hay algo peor que la acartonada solemnidad: la falsa naturalidad. Waters!, o sea, ¡Aguas!

Enero 8, 2001

Si me hubieran dicho…

Si me hubieran dicho: ya te toca nacer y lo harás el primero de julio de 1944 en la ciudad de México y vivirás desalientos y entusiasmos y serás de muchas maneras y pertenecerás a la generación que pacíficamente derrotó al PRI y recibirás tu cuota de odio y de amor y llegarás a una tarde de enero del 2001 y escribirás estos renglones… Si me hubieran dicho, creo que hubiera aceptado con mucho gusto y sin pedir ninguna modificación en el contrato, pero como no estaba, nadie me pudo notificar y es por eso que aquí estoy.

    Si me hubieran dicho: vives en un país con un altísimo porcentaje de evasores fiscales, pero eso no es lo peor. Lo peor es que una parte muy considerable de lo que se recauda no se aplica a prestarte buenos servicios, sino que se fuga por los laberínticos caminos de la corrupción, la aplicación discrecional, la manutención de una burocracia inútil o ineficiente y el financiamiento de los gastos de empresas, partidos políticos y tlatoanis estorbosos pero políticamente necesarios; pero no te preocupes, aquí te estoy mostrando las denuncias que he levantado, la lista de los grandes ladrones que he aprehendido, los controles que he creado, los miles de millones que he recuperado, los zánganos que he corrido y las providencias que he tomado para que, a partir de ahora, tu dinero se aplique al exclusivo beneficio de la comunidad; y por todo esto, creo tener la autoridad moral para anunciarte una reforma fiscal que redundará en el bien de todos, aunque implique una razonable elevación en tus impuestos… Si me hubieran dicho esto, creo que aceptaría hasta de buen grado discutir sensatamente la cuestión. Como no me lo han dicho (sólo me han dicho: ¡ténganme confianza!), como individuo y como ciudadano me niego a hablar del asunto. Y así estamos.

    Si me hubieran dicho: tú votaste fervorosamente para constituir con la oposición el primer gobierno de elección popular en la ciudad de México, aunque te advertimos que no tan sólo no iba a haber cambios sustanciales, sino que, a mitad del camino, aquel por el que votaste te iba a dejar agarrado de la brocha después de haber "gobernado" con más pena que gloria, para luego cederle el puesto a una recia mujer que no alcanzó a ser tan recia como para frenar la corrupción y la inseguridad y el desmantelamiento de la vida académica de la UNAM y el desamparo. Si me hubieran dicho esto, quizás habría cambiado mi voto, o, por lo menos, habría mitigado mi esperanza y mi voluntad optimista (de hecho, nunca he querido lo óptimo; con lo que sea un poquito mejor, me conformo). Si me hubieran dicho esto; pero nadie me lo dijo y por eso ya no sé si estoy.

[...]

Por lo visto, aquí nadie dice nada. Esa nada es conocida como "discurso público". Y así estamos.

Enero 15, 2001

Fox trot

Moctezuma Xocoyotzin transfigurándose en tapetito de tule para que Hernán Cortés le haga el señalado favor de pasarle por encima. Primera e imborrable imagen de nuestra capacidad de achicamiento y entreguismo frente al extranjero. La inmensa lista de los mexicanos que jamás supieron ni de qué lado pegaba el diúrex ni para dónde quedaba México es vastísima y creciente. Algo habría que decir también de los soberbios imprudentes que, sin mayor oficio ni destreza, se pusieron con Sansón a las patadas sin importarles que los costos de sus bravuconadas corrieran a cargo de todo un país. A este respecto, todavía está fresco el recuerdo de don José López Portillo, que con encendida prosa "puso en su lugar" a Jimmy Carter, aunque hasta la fecha no nos repongamos del contrataque del imperio. Difícil posición la nuestra: si nos volvemos tapetes, nos enrollan; si nos ponemos sabrosos, nos hacen *bigmac*. Sólo nos quedan la dignidad, la discreción, la astucia y la palabra oportuna y exacta.

Viene todo esto a cuento por la reciente visita del señor Bush a nuestro país. "Vamos a apantallar al mundo", declaró el señor Ortiz cuyo fuerte es la comunicación(?). Con tal motivo, preparamos una fastuosa boda de rancho. El problema es que el novio nunca llegó. Llegó el suegro y llegó de malas. Lo mejorcito de nuestro gabinete esperaba sonriente y compuesto en el aeropuerto de León (a Castañeda lo peinaron con linaza y quedó como Manolito el de Mafalda). Llegó César Augusto Bush y, nomás para abrir boca, le marcó las distancias a Vicente Pilatos. Desde mi rústica perspectiva de observador no privilegiado, la apantallante visita fue una sarta de improperios ("descolones", solíamos decir los mexicanos) por parte del tejano Calígula postmoderno: el bombardeo a Irak (¿por qué hoy, hoy, hoy? se preguntaba, no sin ingenuidad, Martha Sahagún) que implicó un doble estate quieto para dos países petroleros; la visita a los cultivos de brócoli de la familia Fox y el grato comentario de Bush: a mi papi y a mí nos repugna el brócoli; el altivo rechazo del molito que con tantos sacrificios le preparamos; la rueda de prensa donde el gerente de la globaliempresa llamó "rutina" a un ataque aéreo y la consternante intervención de Fox que opinó que no tenía opinión (¿no podría haber dicho que México se opone a la violencia y que estando como estamos en la búsqueda de una paz negociada, malamente podemos entender o aceptar una intervención armada?). Bush no trajo ni siquiera a su esposa que "ama tanto a México"; Fox lo esperaba con toda su familia. Bush nos regaló una foto suya (¡omaigod!) y una toalla vieja que dejó Clinton en la sala oval (o hueval, según se vea); Fox le ofreció oro, incienso y mirra y una silla de montar (que el muy ojéis no se llevó "porque era muy cara y no se fuera a comprometer"); la yegua Maximiliana se quedó, como varias primas mías, esperando un jinete que le diera la vueltecita. Nuestro tradicional mole que tantas bajas ha provocado en las filas yanquis, ahí se quedó. Todos los asuntos importantes quedaron en veremos y la única satisfacción real que pudo tener Fox fue el permiso imperial para que su hijo y él se asomaran al interior del avionónón ("Nomás no toquen nada porque lo llenan de nixtamal", comentó Bush). El resto del día nos trajeron como perico a toallazos. Sé que este punto de vista no coincide con las versiones oficiales; pero su Charro Negro así vio las cosas y, por verlas así, me felicité de no ser presidente. De haberlo sido, yo sí me le arranco al cara de chamoy. Yo le hubiera dicho: ¿sabes qué, Bushito?, no lo tomes como mal modo, pero he decidido hablarte con toda franqueza y avisarte de tres medidas que voy a tomar: a) no pienso desperdiciar un solo peso ni una sola gota de sangre mexicana en la estúpida guerra contra el narco que es tuya y no mía; b) hasta nuevo aviso, reduciremos a lo indispensable la compra de porquerías yanquis y c) ahorita mismo mando quitar el diablito que los californianos pusieron en nuestro territorio, ¿cómo la ves? No digo que se hubiera quedado bizco porque ya está, pero le hubiera calado. Insisto: esta no es la versión oficial. Lo que dijo Fox es que la visita fue "un tiro" (en la nuca). Fox trot.

Febrero 19, 2001

En lo que llega el polvo

Recuerda, hombre, que eres polvo y en partícula suspendida te convertirás. Hoy es miércoles de ceniza y la grey católica recibe el mensaje quizá poco alentador de que todos terminaremos hechos polvo. Si alguno vio el estremecedor reportaje presentado por el no menos estremecedor Amador Narcia acerca de las barras asesinas y los accidentes carreteros, está dispensado de ir a tomar ceniza. Gente allegada a don Norberto (Norbocop) me informa que a los capitalinos les basta con respirar fuerte para tomar suficiente ceniza (para colmo de pesares, Savonarola Loyola ya clausuró los *table-dance* de Querétaro que eran famosos en todo el mundo). Comienza la cuaresma y, según mi finadita madre, lo único que nos toca es ¡llorar y llorar!

A mí no me gusta llorar. Muy sabido tengo que seré polvo. De hecho, ya poseo varias vísceras muy adelantadas en tan molesta tarea. Mi certeza es que el polvoso asunto no me concierne. Trato de ocupar mi vida en todo lo que quiero hacer antes de que llegue el polvo. Hoy, por ejemplo, me sacudí las telarañas del sueño y emprendí camino rumbo a Los

Pinos. Como quizá les conste, no soy visitante asiduo de la residencia presidencial. Hace ya algunos años acudí a platicar con el doctor Zedillo que me invitó un café que nunca me sirvieron. Hoy llegué y encontré un ambiente mucho más relajado y amable. Varias zonas están en trabajos de remodelación y me imagino que van a poner una vulcanizadora, un expendio de brócoli y otros changarritos.

Lo esperan en la puerta #1, me dijo un solícito cuidador de la residencia. Caminé cual sediento migrante hasta la puerta #1 que, como su nombre lo indica, es la primera. Pasé por un detector de metales y, ya con la axila muy amotinada, desemboqué en un amplio jardín. No había nadie. Me sentí Caperucito Negro. De atrás de una apacible fronda, ¿quién creen que surgió? ¡Martha Sahagún!, que se me acercó como mamá de Bambi. ¡Germaaán! ¡Omaigod! ¿Qué haces aquí?. Es lo que ando averiguando. ¿Vienes a la reunión con las organizaciones sociales? Yo creo que sí. ¡Uuuy!, pues estás lejísimos; tienes que volver a salir y buscar la puerta #5 que queda en el otro extremo, ahí bajas por la rampita (mímica de rampita) y te encuentras con el auditorio López Mateos, pero apúrale, porque queda retirado. ¿No me podrían prestar a la yegua Maximiliana?, pensé en preguntar, pero desistí y emprendí la larga marcha. La puerta #5, como su nombre lo indica, queda en el quinto demonio. Llegué en actitud de marchista descalificado.

El pésimo ejemplo de Andrés Manuel. La reunión estaba citada a las once y comenzó a las once. Eso nunca pasaba en México. Como una concesión muy especial, nos dejaron pasar a los olorosos remisos. Valió la pena. El auditorio estaba lleno de puros cuates y cuatas que han decidido que, en lo que llega el polvo, hay que trabajar por los demás. Fox y Elizondo aguantaron firmes los señalamientos y reclamos femeninos. Una admirable mujer llamada Blanca Villaseñor, que trabaja con niños migrantes, se salió del libreto y le dijo a Fox que la sociedad civil estaba en total desacuerdo con la absurda golpiza de Cancún. Aplauso general (en su momento, Fox diría que él también reprobaba esa injustificada violencia que, según él, había corrido por cuenta de la policía municipal de Cancún y sin la menor participación de la PFP. ¿Será? Las imágenes no parecen corroborar esto).

De esta reunión saco en claro que las tareas de ayuda social ya no se realizarán a pesar del gobierno, sino en colaboración con él. Como quieran verlo, ya es ganancia.

De salida y ya subiendo "la rampita" me encuentro con un niño de la edad del Bucles que sube ayudándose con dos muletas. ¿Te ayudo, manito?, le pregunto. ¿A qué?, me responde con mirada dulce y firme. Silencio. Subimos juntos. Ese niño y yo seremos polvo, pero en lo que llega el polvo, no habrá rampa que nos detenga ni tarea humana que no nos concierna.

Fox, Saramago y Marcos

En entrevista con Javier Solórzano, escucho al infatigable y genial autor de *Ensayo sobre la ceguera*. Me encantan los hombres que hablan con calma y que piensan antes de hablar. Javier conoce muy bien la cercanía que Saramago tiene con el EZLN y con Marcos. A sabiendas de esto, le pregunta al premio Nobel sus impresiones sobre Vicente Fox. La respuesta de Saramago no tiene desperdicio. Repito de memoria, pero no creo ser infiel a lo que escuché: todos conocemos de sobra las diferencias que hay entre Marcos y Fox; en lo que no nos hemos detenido lo suficiente es en lo que tienen en común; es en esto en lo que hay que trabajar si se quieren la paz y el bien de México. Hasta aquí Saramago. Dudo que, él llegue a saberlo; dudo que sabiéndolo, le importe, pero yo estoy profundamente de acuerdo con él. Con sus medios, Marcos está dando la batalla a favor de una comunidad arrinconada y amenazada. Con sus propios medios (y con una legitimidad que ni en sus más otomanos sueños tuvieron Salinas y congéneres) Vicente Fox también está dando la batalla por una etnia más que amenazada: los mexicanos. Más nos vale que en ese punto lleguen a un acuerdo. Si lo logran, será cosa de avisarle a Andrés Manuel para ver si dentro de su horario cabe la posibilidad de sumarse a esta batalla definitiva por la supervivencia de México. Ahí comenzaría la paz.

Febrero 28, 2001

Esperando a los bárbaros

"Porque la noche cae y no llegan los bárbaros./ Y gente venida de la frontera/ afirma que ya no hay bárbaros./ ¿Y qué será ahora de nosotros sin bárbaros?/ Quizá ellos fueran una solución después de todo." ...Ésta es la última estrofa del poema de Kavafis. Toda civilización cansada está en espera de los bárbaros. Ellos pueden tener el remedio. El sábado por la noche, miraba yo cómo cada palabra de Marcos iba modificando el rostro de Julio Scherer, el vivo compendio de los agravios, las heridas y las ausencias de México.

Nada de lo que hoy ocurre tiene un referente, alguna similitud, algún confortable patrón que nos remita al pasado. Está ocurriendo lo que nunca había ocurrido. Frente a esto, los timoratos, los débiles, los tontos prefieren condenar sin reserva, o exaltar con absurdo fervor. Lo nuevo siempre es una amenaza, un atentado (una barbaridad) contra nuestras inercias mentales y espirituales. Lo más difícil y hasta doloroso es sentir y pensar.

En enero de 1994, uno de los primeros hombres que se acercó a Marcos me dijo casi textualmente: creo que el sistema mexicano (que nos incluía a todos) no le ha dado "el golpe" a Marcos. Ese hombre tenía razón. El asunto de las minorías amenazadas es infinitamente más complejo que lo que pudo suponerse en 94. En el 2001 Saramago, Chomsky y millones de mexicanos (yo espero) comenzamos a entender que todo lo que antes se llamaba el tercer mundo es etnia amenazada. Su sobrevivencia no depende, como bien se ha comprobado en Bosnia, de su capacidad de violencia; sino de su imaginación, de su articulación y de su valiente solidaridad. Ya lo habíamos platicado aquí: entre Vicente Fox y Marcos hay una espléndida oportunidad de convergencia. Cada uno, por sus propios caminos, han llegado a este tiempo amenazado de muerte y preñado de futuro. Fox tiene en sus manos la legitimidad, la esperanza y la urgencia de cambio y de futuro. No son patrimonio personal, son los deseos de millones. Marcos es el depositario de la bien ganada voz y de las infinitas vejaciones y dolores de las etnias. Su tarea es ser depositarios dignos de la viabilidad de toda una nación. Eso es lo que está verdaderamente en juego.

Estamos entre el nunca y el siempre. Nunca un personero de los indígenas le había alzado la voz a alguno de los señores del gran poder, por más estúpido que éste fuera. Siempre les había tocado agacharse y padecer. Nunca Julio Scherer podría haber imaginado aparecer en televisión en el espacio de Televisa. Marcos trajo lo inesperado y finalmente encontró a ese interlocutor que andaba buscando desde 1994. El espacio fue un claustro conventual; de tiempo en tiempo, sonaban las campanas que volvían presente el tiempo del infaltable rito mexicano. En apariencia, Marcos llega sin armas. No es cierto: frente al acerado escrutinio de la mirada de Scherer, la inteligencia (con pasamontañas de humor y cercanía) de Marcos jamás se rindió, ni bajó la mirada. Son (pueden ser) nuevos tiempos. Scherer dijo y redijo: Fox es un cero. No estoy seguro, pero pronto podré averiguarlo. Creo que a Fox tampoco le hemos dado "el golpe". Ha llegado el momento de averiguar qué se esconde debajo de las botas, la coca cola y la condición ranchera. Más que como un cero, lo imagino como un gran signo de interrogación. Con Marcos me ocurre algo similar. Por supuesto que es un hipermula, pero mira hacia el futuro, ya se alivió de sus tentaciones mesiánicas y de autoinmolación. Él sabe, así lo dijo y lo reiteró en el Zócalo, que su obligación moral es entrar en un juego en el que todos ganan. Si acaso ganaran los grandes centros de poder (que no están en México), todos perdemos. Si acaso ganaran los prejuicios y la postración mental, todos perdemos. Merecemos un final mejor. Ya llegaron los bárbaros y su mera presencia nos echa en cara nuestra enorme barbarie. Sentémonos a hablar y a escuchar. Es eso, o la certeza de que pronto dejaremos de ser. Como bien dice René Delgado: ni Los Pinos ni la selva son buenos lugares para platicar. A la mitad del camino, los señores del poder tendrán que oír a los que nunca habían tenido voz. Quizá encontremos una solución. Sería algo bárbaro.

Marzo 11, 2001

Los cien días

Como que le estoy agarrando gusto a Los Pinos. Esta podría ser una declaración de Fox, pero no es de él, es mía. Hoy, lunes 12, me presenté de nuevo en la Residencia Oficial para asistir a una rendición de cuentas que hizo el presidente acerca de sus primeros cien días de trabajo. Como pedí el mejor lugar que hubiera, me sentaron junto a Leticia Navarro, secretaria de Turismo, quien, lejos de desmejorarse con las cien primeras y rudísimas jornadas, está fresca como manojito de verduras y luminosa cual Concorde en pleno vuelo. Es muy posible que la grata compañía sesgue mi opinión, pero creo que, contra la opinión de muchos zopilotes, en estos 100 primeros días se ha alcanzado a escombrar bastante, se han echado a andar proyectos importantes y el estado se ha fortalecido para tramitar los próximos 50 días que serán cruciales.

Trata, lectora lector querido, de imaginar en qué condiciones habrá recibido el aparato de gobierno el equipo de Fox. Te doy un ejemplo casi baladí: un secretario de estado que recibe su nuevo despacho y se entera de que tiene 50 automóviles a su disposición personal. ¿Qué hace un ser humano mesurado y decente con esa cantidad de coches? (ni modo que ponga un sitio). ¿Qué hace un ser humano con tanta burocracia inútil pero sindicalizada, con tanto "grupo de apoyo", con tantos "compromisos" (que se vuelven amenazas) y con tanto pedinche que tuvo 70 años para conjugar todas las formas del verbo pedir y para olvidar el verbo trabajar?. Todo esto hay que ponderarlo antes de evaluar los primeros cien días del Presidenchente. Nada de esto va en descargo de Fox que ya tendría que haberse imaginado lo que se iba a encontrar. Simplemente juego a imaginar lo que él se habrá encontrado y las inercias que su equipo tiene que vencer si es que quieren llevar adelante su proyecto de cambio (más les vale).

Hago un veloz ejercicio de memoria y recuerdo los primeros y espasmódicos cien días de Salinas y sólo acude a mi mente ese frenético pataleo por adquirir una muy discutible legitimidad, mismo que culminó con la orquestadísima aprehensión de La Quina y su sonora petrolera. De los cien primeros días de Zedillo y de su mortífero error de diciembre nadie quiere acordarse. En conclusión podemos decir que Fox ahi la va llevando, aunque sería urgente que alguien le avisara que la campaña ya terminó y que no se gobierna con altos índices de popularidad. Un presidente que entienda a fondo su cargo tendrá que tomar medidas necesariamente impopulares. Ni modo. Mi mejor deseo es que, dentro de cien días, nos volvamos a encontrar y tengamos buenas noticias.

Y hablando de Salinas

Cuando Marcos y el EZLN se alzaron, en México gobernaba Salinas. Dos reivindicaciones centrales de los zapatistas, oposición al TLC y a las modificaciones a la tenencia y reparto de la tierra, tenían que ver con Salinas. No obstante, Scherer y Marcos en su conversación le tupieron a Fox y a Zedillo. Salinas ni siquiera fue mencionado. Asunto curioso.

Marzo 12, 2001

Usted

La música de este bolero esencial es de Gabriel Ruiz. La letra la firma J. M. Zorrilla, aunque muchos se la atribuyen a Elías Nandino. Mientras las cosas salgan perdurablemente bien, la autoría es una contingencia temporal.

"Usted". Yo todavía no soñaba con declarármele a mi nana Luz y ya me extrañaba con la implícita contradicción que tensa el hecho de que un ser humano le diga cosas tan íntimas, tan cercanas y tan fuertes a otro ser humano y que todo esto lo haga desde las higiénicas distancias del "usted". Dicho de otro modo: si no habían roto el turrón, no veía yo por qué o cómo el otro lo desesperaba, lo mataba, lo enloquecía. Por muchas décadas no entendí esto. Tuvieron que llegar López Portillo y el holocausto que le organizó a la clase media mexicana, para poder entender que sí es verosímil y válido decir: usted es el culpable de todas mis angustias, de todos mis quebrantos. Hace unos días, mi lucidez al respecto aumentó cuando vi el diálogo Julio Scherer-Marcos. Don Julio ustedeaba y Marcos tuteaba. Curiosamente, el que sonaba más cercano y cordial era el que hablaba de usted.

Ya con todas estas experiencias almacenadas (bolero incluido), me dirijo al Presidenchente y le digo: no juegue con mis penas/ ni con mis sentimientos/ que es lo único que tengo. De veras, don Fox, usted me desespera y aunque no me mata, sí me enloquece. La estrategia de las complacencias con Marcos, aunque tenga una fundamentación ética, ha llegado, pensamos muchos, a su límite. Es una historia de 507 años que ya precisa de un remate elegante. Eso le toca a usted, señor presidente. Necesito imaginarlo en un discurso a la nación que, palabras más o menos, dijera: mexicanos y mexicanas, el amigo Marcos la está haciendo de episodios y a la nación le urge comenzar la inaplazable tarea de darle pleno reconocimiento a la pluralidad de este país y dotar a todas sus etnias de todos los instrumentos legales, morales, nutricionales, médicos, educativos y laborales para que, por fin, este país pueda crecer de un modo armonioso y en condiciones de igualdad de oportunidades. Más que el peso de 500 años de injusticia, me mueve la urgencia de futuro que como nación todos tenemos. Más que la plena conciencia de la enorme deuda que contrajimos con el México indio, me lastima saber todo lo que ellos han dejado de aportar por nuestra soberbia, nuestra ambición y nuestra ceguera. Esto se termina ¡hoy! El amigo Marcos puede disponer de todo el tiempo del mundo para sus trámites; el presidente de México sabe que todos estos problemas tenemos que remediarlos ya.

Algo así podría ser. Hágalo usted, señor presidente, y verá cómo despunta la primavera mexicana. Quizás en algunos sectores quede mermada su popularidad. Lo dudo, pero de cualquier manera no importaría, como ya alguna vez le dije, no se gobierna para ganar torneos de popularidad. Será nuestro agradecimiento y nuestro respeto lo que conseguirá *usted*.

Marzo 15, 2001

Posición de saber

Infancia robada se llama el libro acerca de la prostitución infantil que fue presentado hace unos días por Miguel Ángel Granados Chapa, Cecilia Loría y el autor de estas líneas. Ahí está el libro en espera de que los lectores se asomen a lo que ocurre en el submundo de seis ciudades mexicanas. Hoy quiero detenerme en el epígrafe que Elena Azaola, coordinadora de la investigación, colocó en el umbral de su trabajo. Es de Tzvetan Todorov y dice así: "Estar en posición de saber y evitar saber te hace directamente responsable de las consecuencias". Pienso en esto y lo contrasto con la añeja y sostenida desinformación de los mexicanos comunes. Sin excepción, todas nuestras estructuras de poder, particularmente sus cúpulas, han encontrado siempre magníficas coartadas para negarnos, limitarnos, sesgarnos y posponer esa información indispensable para saber en qué país vivimos y dónde estamos parados. Nunca hemos podido saber con certeza y oportunidad qué es lo que está ocurriendo, no en las vidas privadas de nadie (curiosamente, de esto acabamos sabiendo más y hasta llegamos a suponer que estar enterado de esas intimidades equivale a estar "bien informado"), sino en los asuntos que, en tanto ciudadanos, nos atañen: decisiones de gobierno, protección a la ciudadanía, manejo de los dineros públicos, concursos, licitaciones y adjudicaciones; políticas educativas, de salud y de cultura (¿sabrán Andrés Manuel y Fox lo que significa la cultura y el papel que cumple en la vida social?) etcétera, etcétera. Por siglos no hemos sabido nada y en los tiempos actuales nos ponen cara de contrariedad, hacen, no de muy buen grado, algunas "concesiones" y vagas promesas de apertura informativa para ese futuro mexicano que siempre está a punto de ocurrir y nunca ocurre.

Las consecuencias de que una comunidad viva tanto tiempo sin enterarse de lo que está ocurriendo en materias que tendrían que ser comunes tienen costos muy altos. Por supuesto que hablan de sistemas de gobierno que han preferido no informar y hasta han llegado a decirnos que es por nuestro bien; pero también hablan de una sociedad que mayoritariamente ha preferido no saber y ha optado por las comodidades de la minoría de edad (para que prospere el paternalismo es indispensable el "hijismo"), la indigencia cívica y la dorada oportunidad de tener siempre a quién culpar. Como toda injusticia, diría Simone Weil, ésta es una espada de dos puntas que infama a los que la ejercen y a los que la toleran.

A la fecha, las cuentas de este juego, que es tramposo de ida y vuelta, son nefastas. Al gobierno y a la sociedad nos ha ido muy mal. Los del gobierno se llevarán su tajada, o la insostenible "satisfacción del deber cumplido", o conseguirán una o varias chambas en empresas estadunidenses, pero la sociedad se queda hablando sola y llorando como bebé lo que no supo exigir como adulto. Y aquí vuelve a comparecer el epígrafe de Todorov. Es cierto que todo aquél que pudiendo saber prefirió ignorar se hace responsable de las consecuencias; pero hoy está ocurriendo algo más perverso: todos aquellos que preferimos no saber estamos pagando las consecuencias y lo hacemos sin haber tenido la dignidad de saber. ¿Entonces?

Marzo 18, 2001

El contexto

Con deslumbrante velocidad, el jefe de voceros de la Secretaría del trabajo se ha puesto en contacto con todos los medios para "distraer nuestra atención con el objeto de que en el medio que usted tan atinadamente dirige se publiquen las siguientes aclaraciones." (Este parrafito ¿será de Cervantes o de Sor Juana?). En el caso que hoy nos ocupa, las aclaraciones tienen que ver con la barroca pieza oratoria que el secretario Carlos Abascal esculpió en el aire en honor de las rijosísimas ñoras mexicanas, quienes no lo dejaron ni terminar cuando ya lo estaban agarrando a polverazos y trompones electrónicos que, no por virtuales son menos dolorosos. Aclaraciones o no, yo digo que Abascal pecó de temerario. Es más fácil que yo me aviente un tiro, máscara contra bota, con el cártel de Juárez a que yo admita siquiera en el sellado secreto de mi conciencia la posibilidad de poner en duda la plurifuncionalidad de la Hillary. Terminado el segundo milenio, a los hombres lúcidos lo único que nos toca es negociar con las mujeres una rendición honrosa y en los términos que ellas se sirvan señalar. Todavía en los años cincuenta del siglo pasado, Thornton Wilder podía escribir en *Los idus de marzo* cosas como esta: la mujer aunque se esté derrumbando el universo está pensando en su casa; el hombre, aunque se esté derrumbando su casa está pensando en el universo. Lo escribió y hombres y mujeres aplaudieron. Cincuenta años después son muy pocos y no muy distinguidos los que aplauden. Con ciertos trabajos, pero ya entendimos que hombre y mujer tienen el compartido y equitativo derecho a apuntalar la casa y el universo. Esto me parece el acto fundacional de la pareja y la mejor aventura que se pueda vivir.

Vuelvo a las aclaraciones. El C. vocero dice que todo es un problema de descontextualización y que muchas de las opiniones medievales que el C. Secretario le infirió a las féminas han sido sacadas de su contexto original (siglo IX) y por eso pueden resultar insultantes, pues bien leídas (por Francisco Franco) son un aromado ramillete de elogios. Imagínense que Judas Iscariote (ya el nombre es alarmante) hubiera tenido un vocero oficial que saliera como de rayo a enderezar los entuertos. Otra sería la historia sagrada, pues el vocero habría aclarado que lo de las treinta monedas eran parte de un crédito blando que el C. Judas había solicitado en tiempo y forma a la administración Pilatos; pero que, además, su representado nunca tuvo acceso a la agenda sagrada y que su cargo era exclusivamente de director del personal de apoyo y que realmente no se ahorcó por remordimiento, sino practicando deportes extremos (lo que se llama *rappel* bíblico).

Cuánto más sencilla podría ser nuestra vida si los funcionarios no hablaran, o si pensaran antes de hablar, o si nos evitaran la pena de las aclaraciones infinitas que sólo logran que un desliz se convierta en el ruido y la furia. Da una cierta pena ajena que Abascal o el diputado Jorge Ruiz García digan lo que dijeron, para pasar luego a hacer aclaraciones que sólo transforman un postulado sexista en una melcocha entre telenovelera y pleistocénica. Y vosotras, mujeres, sed pacientes y no olvidéis que estas versiones terminales de Pedro Páramo fueron educadas por vosotras y que si siguen diciendo lo que dicen es porque todavía hay hombres y mujeres que lo siguen creyendo. Cosas del contexto.

Marzo 19, 2001

Regreso a Chiapas

Si es una finta, me parece que la gravedad de los asuntos que están de por medio no permite, no debería permitir, arrebatos tan maximalistas y tan pasados de rosca. Si en efecto, Marcos ha decidido regresar no sin antes acumular denuestos válidos e inválidos (de todo hubo) contra el gobierno, tampoco me quedo muy en paz. Si Marcos conociera (o reconociera) la mecánica legislativa, sabría que toda iniciativa sea cual fuere su importancia se discute detalladamente en comisiones (que no son "el patio de atrás" del Congreso) y sólo después de esto, pasan al pleno. No hay pues, ningún desdoro en que la iniciativa presidencial (ya no es de la Cocopa, sino del presidente) se discuta en las comisiones y no en una asamblea con más de 500 representantes. ¿Que hubo terquedad e imprudencia por ambas partes? Es posible, pero creo que el tornadizo Marcos ganó este triste torneo por amplio margen. ¿Quién perdió?: México.

Y que sale Fox: y se dirige a la Nación y anuncia que las tres posiciones militares que aún había en la zona Lacandona serán convertidas en instituciones civiles para el desarrollo rural. Anuncia también su disposición a recibir la lista de presos zapatistas que, a juicio del EZLN, todavía no recuperan la libertad; hace un exhorto al poder legislativo para que atiendan y reciban a los representantes del movimiento indígena y manifiesta su voluntad de tener una plática personal con Marcos. La reportera radiofónica comenta: aquí entre los medios informativos flota una pregunta: ¿por qué Fox hace estos anuncios hasta que Marcos avisó de su retiro? Si de algo sirve un testimonio personal, puedo decir que me consta que estas medidas estaban en la agenda de Fox con o sin el retiro de los zapatistas... Mientras Fox habla, Marcos en la UAM Azcapotzalco lee una fábula de "Durito y los lápices" que, a estas alturas, no viene muy a cuento. A ver si todos nos dejamos ya de historias y comenzamos, en verdad y en paz, a escribir nuestra Historia.

Marzo 20, 2001

Dos carteros en apuros

No me lo digan. Ya sé que parece el título en español de una película de Laurel y Hardy originalmente titulada *Better by letter* que nunca se filmó, pero que yo puedo con pormenor imaginar. En el papel del Flaco y sin demérito del enorme respeto que le tengo, aparece Luis H. Álvarez. En el papel del Gordo y pareciéndome un tipo excelente, Rodolfo el "Negro" Elizondo. Ambos han recibido y aceptado una misión extraña, difícil, aventurada: entregar en "propia mano" una carta a un personaje que, esté donde esté, siempre parece estar en lo alto de una emboscada montaña chiapaneca (a este fenómeno se le llama "aura portátil"). ¿Qué pasará?

En primerísima instancia, pasará el tiempo puesto que tiene el indiscutible derecho de paso; pero pasa que en México el tiempo pasa muy raro y antes de pasar como que se atora. A las 12:00 horas del martes 20, Vicente Fox dijo "estoy enviando una carta a Marcos..." Don Luis y don Rodolfo, que son serios y formales, de inmediato tomaron sus cachuchas, sus silbatos, sus mochilas y sendas biclas. Con lo que no contaban es con la durativa vaguedad de la forma verbal "estoy enviando" que, en manos (o en lengua) de un buen técnico mexicano, puede llegar a abarcar 37 años. Y mientras, el Güicho y el Fofo hechos unos babosos esperando afuera de Los Pinos recargados en las bicicletas. Y pasó el día y pasó la noche y hasta el día siguiente, el Presidenchente tomó papel y pluma y se dio a la faena. ¡Marthaaa! ¡Eu!, ¿conciencia se escribe con "c"? La primera sí y ya luego es a criterio. Gracias, maravillosa chiquilla. A las 10:45 de la mañana del miércoles 21, concluyó la agobiante tarea. ¡Marthaaa! ¿Orakeeé? Amgoin tucalifornia, ahi te encargo que le digas a nuestros maravillosos carteros que entreguen esta carta pero de balazo. Zeguro que zí. Fox se fue, los carteros (que dormitaban recargados uno en el otro) recibieron la misiva y se pusieron en movimiento. Metros adelante, frenaron su marcha. Oye, Negro, aquí nomás dice C. Marcos, pero no pone la dirección. ¡Újule, julita!, ¿y si nos retachamos? N'hombre, ya ves la seño cómo se pone. ¿Tons? Hay que dar con Marcos, ni que fuera tan difícil; en la red vial dicen cada cinco minutos donde anda.

Así comenzó la peregrinación. Fueron a una UAM: se acaba dir. Fueron a otra con igual resultado. Oye, Negro, ¿y si mejor nos la comemos? ¡Calla boca!, nos tupe el "Botitas". Tons, síguele pedaleando. Azcapotzalco, Iztapalapa, Xochimilco, Villa Coapa, la Pensil, la Agrícola Oriental; toda la ciudad plancharon los alados (y salados) mensajeros. Y el friegaquedito de Marcos por acá: pus los hombres de palabra verdadera no hemos recibido nada. No le aflojes, Negro, si no la entregamos hoy, la tenemos que llevar a Chiapas. ¡No manches, Güicho! A las 23:28 del miércoles 21 llegaron a la ENAH. La carta ya estaba como chilaquil, pero ellos estaban peor. Pues sí está don Marcos, pero no sé si entregársela, ¿qué tal que es explosiva? ¡Agárrala, inch' Tacho o te parto tu encapuchada madre! Correcto; yo se la entrego con mucho gusto. ¿No nos da para un chesco? Nop. El Güicho y el Fofo le hicieron con las manos las tres señales que habían pedido y con el cuerpo desvencijado pasaron a retirarse…

Ya salió Zebedeo y dijo que iban a ver. Luego, los zapatistas se fueron a San Lázaro e hicieron su reunión. Luego salió un señor y les dijo que podían pasar a la sala grande y luego dijo Marcos que iba a ver y hasta ahí vamos. Por lo pronto, quede aquí este sencillo homenaje a dos carteros que cumplieron su deber hasta la ignominia y más allá.

En vista de lo cual...

...y aprovechando que los congresistas andan de buenas, quisiera enviarles una iniciativa para que en cada punto de ingreso al territorio nacional sea colocado un letrero que diga: "Viajero, detente. Has llegado a la región más ocurrente. Si no tienes ningún problema, aquí te lo creamos. Si ya lo tienes, aquí te lo complicamos. Seriedad y experiencia. Pregunte por nuestros paquetes." Es que somooos.

Marzo 22, 2001

Página editorial

Hoy, martes 27 de marzo, escudriño minuciosamente las planas editoriales del periódico *Reforma* y compruebo con agrado que cada editorialista tiene opinión propia y que ninguno tiene más "línea" que la de su pensamiento, su edad, sus lecturas, su temperamento, su modo de vivir y su voluntad de entender. Humberto Musacchio manifiesta en "Lo importante es hallar soluciones" su respaldo a ese primer Marcos que puso el tema de los indios en la agenda nacional, pero esto no le impide apoyar los pasos de Fox en pro de una solución y guardar ciertas reservas con respecto al Marcos de hoy. Catón adopta una actitud distante e irónica y considera que no estamos en el camino correcto y que el supuesto "fortalecimiento" del poder legislativo no es tal si se toma en cuenta la cantidad de atropellos que han sufrido las leyes. Sergio Sarmiento en "Ley Cocopa" razona con lucidez acerca de las objeciones que él tendría que hacerle a varios de los postulados más conflictivos de la llamada ley Cocopa. Guadalupe Loaeza anda buscando de modo enloquecido a la "Señora sociedad civil" para pedirle su presencia y su apoyo en San Lázaro hoy miércoles a las once. Federico Reyes Heroles en "Edenismo" nos previene muy juiciosamente de las facilidades utópicas que el fenómeno "Marcos" ha desatado y que tienen un peligroso parentesco con el idílico Rousseau y sus insostenibles teorías del "buen salvaje". Escudriñar a fondo todo lo que respalda cada uno de estos puntos de vista, le llevaría al lector un buen rato de meditación. Ninguno es rechazable y ningún autor espera una aceptación acrítica. Lo que, a mi juicio, resulta admirable es la diversidad que se cumple en el respeto y en la contigüidad. Si alguien me preguntara con quién estoy más de acuerdo, respondería que no es una pregunta importante y que, en la medida en que informan mi pensamiento, agradezco por igual el trabajo de cada uno. Es obvio que las costumbres de mi mente me acercan de modo natural a Reyes Heroles y a Sarmiento, pero no desaprovecho las aportaciones de nadie y no dejo de felicitarme por poder vivir (con-vivir) y ser parte de un periodismo que se entiende y acepta como ejercicio democrático. Cada quien expone sus razones que coinciden o se alejan de las de sus vecinos de plana, pero al final, todos nos saludamos, nadie mata a nadie, todos convivimos y somos buenos amigos. La sociedad queda servida y la justa paz va ganando terreno. Me parece bien.

Dicho lo anterior

Procedo a declarar que, a estas alturas, me siento más "enmarcado" que Las Meninas y que del ciberguerrillero ya estoy más o menos hasta la cachucha maoísta y harapienta. Me da cierta pena, pero no tengo cómo creer que hoy, hacia el mediodía, la sabiduría divina nos iluminará desde el Ararat legislativo. En rigor (espero que no *mortis*) sólo puedo decir que bien está lo que bien acaba, aunque presiento que las negociaciones con el EZLN todavía van para largo. Insisto: lo urgente, lo que no necesita la bendición de Marcos es atender a nuestros 40 millones de pobres (razas fundadoras incluídas). Obviamente no estoy hablando de dádivas; hablo de oportunidades, de servicios, de educación y respeto; hablo de ayudarlos a ayudarse. Lo demás lo veo muy negro para huevo y muy redondo pa'aguacate.

Marzo 27, 2001

Hoy tocó

A ver, lectora, lector querido, respóndanme una cosa: ¿ustedes se casarían en lunes a las siete de la mañana? A reserva de conocer sus respuestas reales, me permito aventurar que el sector masculino respondería enfáticamente que no y que el sector femenino respondería que, si no hay de otra, pues aunque sea el lunes a las siete de la mañana. Aquí me detengo y tomo plena conciencia de que soy un presesentón que, por lo mismo, tiene una idea ya muy arcaica de lo que son los hombres y de lo que son las mujeres. Me cuentan que ahora son ellas las que se muestran francamente renuentes a adquirir el comprometedor vínculo. ¿Será?

¿Qué ocurrió realmente en el día con día de la vida palaciega o, como es el caso, pinociega? No lo sé. Lo que ahora haré será un puro ejercicio de imaginación. En este teatro de sombras, hago comparecer a una Martha Sahagún virtual que anda duro y dale a todo lo que da (como en la cacería del zorro o *fox hunting*) detrás de un ciberchente: ¿qué pasó, me vas a cumplir o no?, siento muy feo que no me des mi lugar y ni te digo lo que andan comentando los periodistas, los del gabinetazo y todo mundo; yo pensé que eras de otro modo, Chente. ¡Híjole, Martha!, ya cámbiale a tu disco; de veras que la voluntad la tengo, pero no sabes cómo traigo la agenda. No seas así, Chente, cuando en verdad los hombres quieren cumplir, se buscan un huequito. Te juro, Martucha, que ya me lo busqué, pero mira nomás cómo estoy de compromisos, mmm, aquí tengo un día libre en marzo del 2009. No seas payaso, nada más vamos a entrar de oyentes, ¿no tienes nada antes? ¡Ay, amigocha!, pues sólo que quisieras casarte el lunes 2 a las siete de la mañana entre Aznar y una fiesta del PAN. ¡Va! ¿Queeé? Lo que oíste: ¡va! Ciertamente tasloca, ¿y la fiesta, y los invitados?, ¿quién va a venir a esas méndigas horas? Yo me encargo de todo; ya tengo todo preparado por si te animabas. Pero, amigocha. ¡Nada! Es que en lunes y a las siete como que no carga la batería. ¡Nada! Es que no quiero quedarte mal. Tú, flojito; actualmente hay unos fármacos maravillosos. ¿Y qué hago con Aznar? Pues lo saludas y le dices que tienes un pendientito. ¿Cómo le voy a decir eso? Yo he dicho cosas peores nada más por defenderte. ¿Pero qué tienes contra marzo del 2009?, nos da tiempo de sensibilizar a nuestros maravillosos chiquillos y de negociar con Onésimo y Norberto. ¡El lunes 2 o me voy a Guanajuato! Pero, Martucha. ¡Ahorita no me toques! Está bien, nos casamos el lunes 2, pero vas a ver la que se va a armar; el jefe Diego me va a ver horrible. Sereno, Chente; te tengo una corbata preciosa para la ceremonia y ya apalabré al juez. Pero no va a querer venir nadie; a esas horas el único que está levantado es López Obrador, pero no creo que quiera ser testigo. Ya te dije que todo eso yo lo arreglo; imagínate: tu cumpleaños, el aniversario de la victoria, la visita de Aznar y tu anhelado matrimonio. Me lo estoy imaginando, ¿no serán demasiadas fiestas en un solo lunes? No, hombre, se va a poner súper… Así pudo haber pasado. Yo no lo sé. A mí nunca me ha tocado en lunes, pero ya sabemos que el estilo de Fox es heterodoxo. De pleno corazón, les deseo toda la felicidad de este mundo y, a nombre del país, recuerdo a López Velarde: que sea para bien.

Julio 2, 2001

¡Suerte, matador! I

¡Qué lunes tan poco lunes! El historiado ritual mexicano enseña que un tenochca de buena cuna dedica los lunes a la vida vegetativa, los martes a la contemplación trascendental y, si no se presenta algún emisario del pasado, o algún error de diciembre (que, en México, puede ocurrir en cualquier mes), por ahí del miércoles al mediodía comenzamos a dar señales de vida neuronal y/o hormonal. Este lunes no fue así. Estuvo durísimo.

19:30 hrs. La Hillary con un atuendo lucidor pero abrigadorcito (así lo definió ella) y su Charro Negro que, por tratarse de tan señalada ocasión, estrenaba una corbata como de titanio galvanizado que me compré en el aeropuerto de Barajas, avanzábamos (es un decir) rumbo a Palacio Nacional.

Supuestamente se trataba de una recepción en honor del señor José María Aznar y de su señora, Ana Botella, que es una chica muy maja y muy marchosa. En realidad era una multifiesta o polipachanga que, en favor del ahorro nacional, fue también la celebración del primer aniversario del dos de julio, la fiesta de cumpleaños del Presidente y, sobre todo, el banquete nocturno y nupcial del electrizante acontecimiento que ya todos conocemos. No fue fácil llegar, pero me imagino que los vericuetos, atajos y caminos que Martha y Vicente recorrieron tampoco fueron sencillos. Llegamos como pudimos y en la misma puerta nos encontramos con Sergio Sarmiento, santo patrono de los delincuentes capitalinos (ahora le conejearon una Cherokee. Esas camionetas están malditas). En el patio principal estaba el todo México, la media España y un hotelero mallorquí que no se hallaba. Nos asignaron nuestra mesa y para allá nos dirigimos con todo y el hotelero que ya había sido adoptado legalmente por la Hillary. Saludos, buen ambiente y mucha, mucha expectación. ¡Señoras y señores, recibamos con un aplauso…! En una millonésima de segundo las señoras todasojos ya estaban de pie y redactando mentalmente su reseña para el ¡Hola! No lo voy a negar, yo también, pero con fines periodísticos, movía la cabeza como periscopio. Entraron los Aznar, entraron los Fox y los aplausos sirvieron como biombo acústico para el intensísimo chismorreo que se desató por todo el inmenso salón. Si quieren saber cómo era el vestido de Martha Sahagún, háblenle a la Hillary, porque yo soy una bestia que usó durante cincuenta años calzones Zaga y esto lo inhabilita a uno para opinar sobre alta costura.

El menú era un himno al encuentro de dos mundos. Iba desde los hispánicos y amenazantes "pimientos al piquillo" hasta el filete con chapulines. Esto de los chapulines fertilizó *in vitro* mi imaginación. A ver qué hace Aznar cuando un chapulín azteca se le embosque en el hiperbigote, pensé yo (¿esto será pensar?).

¡Y ahora, distinguida concurrencia, escuchemos con respeto y atención los himnos de España y México! Todos de pie. Himnos. Todos sentados. Yo me imaginé a los chapulines haciendo su último calentamiento y recibiendo instrucciones de

Xavier Aguirre. ¡Y ahora, distinguida concurrencia, escuchemos las palabras del Presidente de la República Mexicana! Palabras. Aplausos. Ya vienen los chapulines. ¡Y ahora, distinguida concurrencia, escuchemos a don José María Aznar! Chin. Se van a enfriar los chapulines. Aquí interrumpo. Mañana le sigo. Ojalá y asistan. Se puso bueno.

Julio 3, 2001

¡Suerte, matador! II

Me enteré después, pero mientras la morbosa sociedad mexicana estaba en Palacio Nacional, afuera llovía intensamente. Ya en la tarde habían llovido mentadas por cuenta de algunos "líderes obreros" que anunciaron inminentes brotes de violencia (Hernández Juárez fue más sereno y prefirió comentar el foxibodón anunciando clima placentero, aunque con posibles turbulencias en la vertiente eclesiástica). También en la alta noche del Zócalo llovía mientras José María Aznar nos dirigía la palabra en un dialecto prevascuence (¿algún día los españoles hablarán español?). Lo que más me gustó entender fue lo que dijo el jefe del gobierno español apoyado en una cita de Alfonso Reyes: si con la lengua y la inmensa cultura que compartimos los pueblos hispánicos no logramos el lugar y el respeto que merecemos en el mundo, estaremos dando el más grande ejemplo de ineptitud que conozca la historia. Eso estuvo muy bien. De modo muy justificado llovieron los aplausos.

Por fin, llegó la ansiada hora de los chapulines. Un fiasco. Venían molidos y diluidos en una salsa. Hagan de cuenta los mexicanos contra Costa Rica. En nuestra mesa, el hotelero mallorquí ya nos estaba vendiendo unos paquetes de ensueño para la Riviera maya y en el salón crecía la inquietud. So pretexto de que todos querían presentarle sus respetos al mandatario español, se iba formando una larga fila de desorbitados metiches que querían ver de cerca a los recién casados.

Doy por sabido que todo mundo entiende que la única opinión que yo tengo acerca de este matrimonio se cifra en dos términos: respeto y parabienes. Lo demás que comente o que cite será lo común y propio de estos festejos. Dos casos. Una amiga me bisbisea: ¡qué locura!, los lunes ni las gallinas ponen; y los hombres, menos, le respondo yo. Otra cuatacha se acerca y me pregunta: ¿sabes qué le va a decir Martha a Vicente en cuanto se queden solos? No sé. ¡Hoy, hoy, hoy!

Para esto, la Hillary y yo ya estamos formados para la supuesta salutación a Aznar. Como en toda fila mexicana que se respete, hay quien se quiere colar, hay quien dice (y miente) que ya estaba formado y hay seductores natos que te guiñan el ojo y te dicen: dame chance, ¿nooo? Llegamos. Martha Sahagún de Fox me avienta las luces altas y yo de todo corazón la abrazo y le digo: démonos mutuamente la paz. La paz, responde ella con voz aliviada, sincera, entera. Fox tiene ya los ojos de apipizca. Lo abrazo y nos damos las gracias por lo que hemos hecho, por lo que hemos dejado de hacer, por lo que haremos. Lo admiro mucho y sé que me toca mirarlo a distancia y decirle lo que no nos parece; pero en la noche nupcial, el amor exige (y consigue) fuero y tregua. Mi convicción es esta: sólo el que se gana el derecho a abrazar puede aspirar a gobernar.

Las luces se atenuaron. Terminó la recepción. En Palacio Nacional se formó naturalmente una valla. Más que aplausos, hubo miradas de complicidad y asentimiento. Cuando Fox pasó frente a mí, le dije: ¡suerte, matador! Volteó a verme con media sonrisa. Sus ojos ya eran de árbitro coreano. Los novios salieron. Afuera llovía encarnizadamente.

Julio 4, 2001

Saurita la de barrio

Aclaración a modo de introito: yo no soy el presidente de México y no siento que cargo la patria sobre mis exiguos lomos; es más: si yo fuera presidente y sintiera que soy el tameme de la patria, sería un pésimo presidente, un presidente paralizado.

Propuesta virtual: si a mí me tocara tomar la decisión, yo, sin pestañear, entambaba a las 20 ratas mayores de este país. Me refiero a las ratas vivas. Ese sería el acto de mínima justicia y coherencia que estamos esperando del foxismo. Ahí estaría el aval moral indispensable para sentarnos a discutir la reforma fiscal. Mientras esto no suceda, ¿cómo se atreven a pedirnos más dinero si no han hecho el menor esfuerzo tangible por recuperar, aunque sea en parte, los millones de millones que nos han robado? Sospecho una coartada: es que esas 20 ratas, de una manera u otra, están adscritas o vinculadas al PRI (¡sorpresas te da la vida!) y si ahorita molestamos a los sobrevivientes, no nos apoyan con lo de la reforma fiscal. Este argumento es de una ingenuidad conmovedora. Entamben a los 20 y tengan preparados los expedientes e historiales minuciosos de los actuales tribunos priístas. No pretendo decir que todos traigan cola (siempre se cuela algún decente), lo que afirmo es que se generaría la suficiente masa crítica, apoyadora y entusiasta, como para no hacerle los ascos que le hacen a cuanta iniciativa del ejecutivo les proponen. No sé si ya lo detectó el Presidenchente, pero ya llegamos al punto de me friegas o te friego. ¿Tons?

La triste historia del huerfanito: chinchupadre y chinchumadre el desplegado se publicó. Vinieron luego los raudos y apenados deslindes. ¿Alguien se los creyó?

El mensaje estaba enviado; el vidrio estaba roto y no hay nada más sencillo que reunir una rondalla priísta (Los cadetes del Anáhuac) que cantara a 15 voces "Si te vienen a contar..."

Clímax telenovelero pero previsible (después de niño desahogado, abran más pozos): Pancho Barrio, nuestro fiscal de hierro (colado) y Santiago Creel, ¡dos secretarios de estado, dos! se presentan en la intendencia del parque jurásico (antes PRI) para explicar (???) a los administradores de las ruinas los intríngulis de la lucha contra la corrupción (es algo así como ir con el coronel Sanders a explicarle cómo se prepara el crujipollo). Hubiera sido mejor y más digno que nos explicaran a nosotros. Para los priístas fue como la visita de los reyes magos. A Barrio lo aplacaron rápido y Creel se fingió muerto en la guerra cristera, aunque luego declaró que cualquier ilícito se "desahogaría" por la vía legal. La rutilante estrella de la sesión (la concesión) fue Saurita la de Barrio. Tomó el micrófono con sensual gesto y, luciendo su infaltable atuendo rojo de jitomata giganta, interpretó el gustado bolero "Yo del pasado no me arrepiento", cuyas líricas estrofas conmovieron a sus incondicionales. Todo era trópico y erotismo. ¡Diles más!, coreaban acezantes los tricolores. Saurita, siempre atenta y complaciente, se le quedó viendo muy fijo a don Pancho, apachurró el micrófono con gesto equívoco y preguntó: ¡¿Me estás oyendo, inútil?!

Julio 25, 2001

Nuevita Perón

Tal pareciera que México no tiene ninguna bronca importante y por eso inventa, una después de la otra, broncas ficticias. Quizá la explicación es otra: precisamente por ser tan acuciantes y tan aparentemente insolubles nuestros problemas, nos demoramos en la invención, especulación y análisis de las deslumbrantes elaboraciones del imaginario colectivo. Una de ellas está adquiriendo particular fuerza: Martha Sahagún como extemporánea sombra de Evita Perón y sus fervorosas legiones de descamisados. ¿Será?

Creo que, para bien o para mal, el fenómeno de Evita Perón es irrepetible. Cuando ella surge, Argentina era una nación superavitaria y con un mandatario urgido de legitimación. No concurren en el presente mexicano ninguna de estas dos características. Por más que imagino, no alcanzo a ver en alguna marquesina de Broadway el futuro estreno de *¡Martita!* Lo que veo es a una mujer que no se resigna a la quietud decorativa. Esto siempre ha espantado a los meshicas de la etnia masculina. Alguna vez lo conversé con Rosario Castellanos: para el hombre mexicano, la mujer perfecta, la plenamente virtuosa, es la amada inmóvil, la que se está quietecita donde la deja su dueño y señor, la que no piensa ni decide por su cuenta. Tengo entendido que en México ese modelo tiende a desaparecer. En buena hora. Es horrible convivir con un mueble. Martha Sahagún anuncia que va a hacer algo por el bien de México. Pues que lo haga. Condenarla por el mero anuncio, o porque quiera hacerlo con el máximo de calidad y alcanzando a la mayor cantidad, me parece una tontería enorme. Bienvenida al trabajo, doña Martha. Si usted evita sentirse Evita, nosotros no tenemos por qué evitar, coartar o sentirnos amenazados porque usted quiere ayudar. Si las cosas van de otra manera, ya se lo haremos saber, pero por lo pronto, nos toca trabajar.

Agosto 20, 2001

El tiradero

Los vascos ya nos quieren aventar la madre de todas las broncas. Los ejidatarios de Texcoco, desoyendo los favorables y contundentes pronunciamientos de los patos a.c., se disponen a defender sus parcelas cual talibanes autóctonos. La piña de la reforma fiscal ya se hizo tepache y en unas cuantas semanas podrá fosilizarse; el IPAB, que se suponía que era el hijo guapo de esa vieja horrenda llamada Fobaproa, está ahora sometido a tan intenso y cruzado fuego, que ya no se sabe quién es amigo de quién y cuál es el enemigo de cuál. El asesinato sin nombre, sin adjetivos, sin culpables de Doña Digna Ochoa malhirió de grave manera al gobierno capitalino, al gobierno federal y a todo nuestro lamentable "sistema de justicia". El concierto de Elton John en el Castillo de Chapultepec que en sí no me parece un asunto criticable o relevante (ya alguna vez, en el siglo XIX, los sajones se presentaron ahí en plan por demás bravero), tuvo sus ribetes de escándalo por la falta de prudencia política de la organizadora (Martha S. de Fox ha declarado que no tiene mayor aspiración que la de ayudar a su marido. Otras dos ayudaditas como ésta, o como la de la prediabética fotografía en el Vaticano y lo hunde para siempre) y por el uso y el abuso, como ya lo comentó Granados Chapa, del Estado Mayor Presidencial para tareas que no le corresponden y que, además, ofenden directamente a una ciudadanía que ya no está dispuesta a soportar que le privaticen de golpe espacios consagradamente públicos. Dicho de otra manera: todo aquello contra lo que votamos el 2 de julio reaparece, sobrevive, nos lastima y todo aquello que patrocinamos, empujamos y decidimos ese mismo día se ha quedado en estado larvario, o ha sido postergado, o se ha convertido en declaración banquetera, o ha sido sencillamente olvidado.

De veras que es por demás. Me voy una semana a darme una rostizadita como trompo de tacos al pastor y regreso para encontrarme tamaño tiradero. No es justo. Señor Vicente Fox: ¿todavía oye usted bien, o este asunto de la información filtrada y escogida funciona de ida y vuelta? Usted dígame, usted explíqueme, si es que todavía escucha el malestar, la molestia, el desencanto y la ira de tantos que depositaron en sus manos tantas y tan fundadas esperanzas de restaurar nuestra República. Al alcance de esa valentía que usted ostentaba y en la que tantos creyeron estuvo la posibilidad de rematar al dinosaurio del narcopoder. No lo hizo y le apostó al borrón y cuenta nueva. Pretendió la convivencia y ellos, a modo de atenta respuesta, le enviaron el cadáver de una respetabilísima mujer. ¿Dónde ha andado usted? ¿Practicando la hechura del nudo de la corbata de frac? Usted explíqueme por qué Madero y Fox, los dos únicos presidentes electos en comicios legales y democráticos han tenido una gestión tan desastrosa. Aventuro una hipótesis: Madero le apostó a la convivencia con los porfiristas y usted supone que se puede convivir con la narcopolítica.

En fin. Habría tantas cosas que decir. Le juro que no hablo desde una frustración personal. Yo (y muchos otros) sabemos que el 2 de julio del 2000 nos ganó el derecho a participar en el cambio. Seguimos creyendo en ese cambio y hemos de lograrlo. Si usted quiere entrarle, sea bienvenido; si desea proseguir su luna de miel rodeado de tanto inútil y tanto mediocre, será asunto suyo. Ojalá y no nos estorbe demasiado en nuestra voluntad de cambiar. Sería muy triste llevárnoslo de corbata.

Octubre 28, 2001

De golpe, llegó el frío

Después de las fugaces vacaciones, y para soltar el brazo, escribí un artículo titulado *El tiradero*. No pretendía ser un acta de rendición, tampoco quería ser un destilado de la ira. Lo que más sencillamente pretendía era avisarle al ciudadano presidente que muchos de sus votantes están profundamente contrariados y desasosegados con su palmaria ineficiencia y con su alarmante incapacidad para darse cuenta de que esas cuentas alegres que se hizo en los primeros días de su gobierno ya se fueron al caño y de que hoy lo que impera es una grave y casi ilegible adversidad. Quizá Vicente Fox tenía el proyecto y las personas adecuadas para conseguir un mejor reparto del bienestar. Eso jamás lo sabremos. El objetivo ha cambiado drásticamente. Hoy, de lo que se trata es de sobrevivir. Quizá mejor que Fox, esta historia la conocemos los ciudadanos del común. A nosotros ya nos tocó escuchar al delirante López Portillo que nos pedía prepararnos para "administrar la abundancia" y resentir, en unos cuantos meses, cómo esta abundancia se convertía en una crisis colosal. Cuando llegó Salinas y nos anunció que nos preparáramos para ingresar al primer mundo, hasta nos ganó la risa y muy razonablemente nos preparamos para lo peor que, en efecto, ocurrió. O sea que los mexicanos ya tenemos callo y hemos aprendido que lo mejor es casi siempre lo peor y que lo peor, aunque suene raro, siempre puede empeorar.

A lo que voy es a esto: desde la caída de Tenochtitlan, los mexicanos hemos adquirido una enorme destreza para administrar la adversidad. Siempre hemos esperado lo inesperado y, quizá por eso, siempre ha ocurrido. Desde que a un sádico se le ocurrió decirnos: peregrinaréis hasta encontrar un águila parada sobre un nopal devorando a una serpiente, no hemos conocido el descanso. Cuando hay águila, no hay nopales; cuando conseguimos la serpiente, el águila hizo puente y cuando conseguimos los tres elementos, el águila se pone difícil y decide que las serpientes le dan mucho asco. Seguimos peregrinando y ya sabemos que si los tiempos son gratos y propicios, esa es la mejor señal de que está a punto de caernos la helada. A reserva de mejor diagnóstico, ya nos volvió a caer.

¡No le falte, usted, al respeto al señor presidente!, me dice una airada cibercorresponsal. Señora de mi corazón, le respondo yo, quien nos está faltando al respeto y quien no está cumpliendo su palabra es el señor presidente. Él formó un equipo para navegar con velas desplegadas, con el viento a favor y en aguas bonancibles; desde su avión, no parece haberse enterado de la violentísima tormenta que se ha desatado en el mundo. Nunca sabremos si esa tripulación hubiera hecho una buena travesía con la mar en calma (me permito dudarlo); lo que está a la vista de todos es que, ante la borrasca, son muy pocos los que han reaccionado con entereza, serenidad y sensatez. ¿Cómo estarán las cosas como para que un borrosísimo miembro del partido de Fox haya salido con la magna babosada de que habría que pensar en un presidente interino? (con correligionarios así, Martí Batres ya viene resultando un pleonasmo).

El frío llegó de golpe, presidente. Todavía puede usted decidir si nos congelamos o buscamos las maneras, los rumbos y las personas adecuadas para sobrevivir.

Octubre 30, 2001

¡Muchas gracias, señor presidente! I

"Fox en vivo, Fox contigo", así se llama el espacio radiofónico que, sábado a sábado, emplea el presidente para comunicarnos el semanal estado de su humor y su muy personal punto de vista acerca del país donde eventualmente reside: México.

Ninguno de los capítulos de este programa ha resultado especialmente eficaz o memorable en términos de comunicación estado-ciudadanía. Los pasajes más recordados lo han sido por sus dislates, sus tonterías, su pésima producción, la impuntualidad del presidente y lo aventurado y desinformado de sus juicios instantáneos. A este respecto, la emisión más reciente, la del sábado 3 de noviembre, fue una perla refulgente e irrepetible. Aunque nada de lo que dijo tiene desperdicio, por razones de mi oficio, quiero destacar la biliosa, elemental e irrespetuosa diatriba en contra de los medios de comunicación y de los comunicadores que nos hemos atrevido a alzar la voz en contra de sus guanajuatenses majestades y hemos cometido el imperdonable delito de señalar que están haciendo muchas tonterías (el programa fue una más), que la señora, en su actuación pública, es entre ventajosa, desmesurada, ambiciosa y cursi y que, dadas las condiciones del país y del mundo, el gabinetazo, lejos de funcionar de manera armónica, patriótica y planeada, se ha dedicado a protagonizar una patética tragicomedia de las equivocaciones cuyos costos corren enteramente por cuenta del país. Según Fox, nada de eso es cierto; no hay por qué rectificar nada, todo va de maravilla, la señora es Juana de Arco en versión del Bajío y los periodistas somos unos perros del mal. Todos lo somos, los que siguen a sueldo del narcodinosaurio, los beneficiarios de la mala leche y también aquellos que, en su momento, arriesgamos el único capital de nuestra credibilidad por apoyar a un candidato combativo, valiente y dispuesto a lograr el cambio costase lo que costase. Todos estamos equivocados. Nada hay de rescatable en los señalamientos que hacemos. Todos somos enemigos de este presidente que, a diferencia del candidato, ha resultado quisquilloso, frívolo, desinformado, cobarde, errático y viajero. Sin duda, tiene usted razón Señor Presidente. Gracias por hacernos ver la luz. Nunca más lo tocaremos ni con el pétalo de un ramo de novia.

Es usted grandioso, enorme, atinado, infalible, simpático, certero, oportuno, excelente cantante, sagaz, sabio hasta el deslumbramiento, inalcanzable por la crítica malsana, amigo personal de Dios, aeronauta intrépido, primer buzo de la República, ordeñador insigne, confidente de los patos, brócoli místico, arca de la alianza, casa de oro, botita de charol, látigo implacable de la delincuencia, ira divina que ha aniquilado a cuanto ratero había en el país, mente agudísima, inteligencia que crece al 7% diario, protector amantísimo de los buenos periodistas y seguro salvador de un país al que previamente volvió insalvable.

Gracias por traernos a la verdad. Gracias por permitirnos rectificar nuestras perversas apreciaciones. Gracias, en especial, por no leernos pues no merecíamos ser leídos. Aunque sabemos que su fuerte es precisamente no leer, esto no disminuye, no merma, nuestra postrada gratitud por ignorarnos. Créanos que no queríamos molestar. Lejos de eso, nuestro único deseo es su ventura infinita en sus esporádicas estancias en nuestro país y, en especial, en sus próximos viajes. ¡Mucha suerte en Argentina con los paisanos de José Luis Borgues!

Noviembre 4, 2001

¡Muchas gracias, señor Presidente! II

Comienzo por declarar que mi artículo anterior del mismo título lo escribí con la bilis en plena ebullición. Hoy lo he releído (cosa que no suelo hacer, porque me invade el terror de convertirme en estatua de sal) y, la verdad, me siento satisfecho y sin ánimo de cambiarle nada. Sigo considerando que los impensados exabruptos presidenciales son alarmantes, ineficientes e indignos de alguien que, hasta ahora sin mucho éxito, pretende ser un Jefe de Estado. Señalo, sin embargo, un aspecto curioso: me es más fácil entender la explosiva contrariedad de Fox, que la mía.

A dos horas de haber enviado mi colaboración, vi en el Canal 40 un programa llamado *Séptimo Día* donde Lorenzo Meyer, mi admirado asesor en plomería y Carlos Marín, excelente periodista que, para la ocasión, lucía un turbador saco color diarrea infantil combinado (es un decir) con una camisa color vino, comentaban precisamente los acharolados y paroxísticos arrebatos radiofónicos de nuestro presidente. Escuchar sus comentarios (y ver el saco de Marín) me fue de enorme utilidad para recuperar el sosiego y para saber qué me traía yo. El resto de la noche me sirvió para deshilvanar mi ira y para averiguar cuáles eran los callos morales que me dolían. Enumeraré algunos.

"No me van a tumbar con críticas de periódicos". Esta declaración no hay ni por dónde agarrarla. ¿A quién han tumbado con críticas?, ¿quién quiere tumbarlo? En dado caso sería más fácil tumbarlo con elogios, o con guayabazos cortesanos o, todavía mejor, con una buena conspiración entre el narcopoder, la ultraderecha y los intereses transnacionales. Si Fox se anima a leer historia, verá que así tumbaron a Madero. Los que nos tomamos nuestro trabajo con seriedad y decencia (obviamente no estoy hablando de los gatilleros del PRI, ni de los nostálgicos del chayote) lo último que nos propondríamos sería tumbarlo. Sería más fácil que usted se tumbara solito. Recuerde lo que dijo Jesús Reyes Heroles: lo que se me resiste me sostiene (¿ha leído a Reyes Heroles?). Puede usted no creerlo, pero lejos de tumbarlo lo que queremos es apoyarlo a usted y, sobre todo, apoyar su proyecto de transformación nacional.

No creo que esté bien que Fox nos pase a nosotros la factura de la ineptitud de su equipo de comunicación. Desde las torpezas de "Fox en vivo, Fox contigo" hasta la inoportuna y melcochosa foto en el Vaticano, la mayoría de estas calamidades han sido "ideones" de sus comunicadores que no dan una en lo que comunican, ni en lo que dejan de comunicar. Ellos son los experimentados artesanos que fabrican en serie "sartas de babosadas" con calidad de exportación.

"Yo ya dejé de leer una buena cantidad de periódicos". Muy mal, presidente. Aunque se le derrame la bilis (en esas circunstancias, mi nana me daba un pedacito de migajón para que la bilis se absorbiera), hay que leer. Lo grato y lo ingrato, lo amistoso y lo agresivo. Como venga, su obligación es estar enterado. Lea. Yo pongo el migajón y usted permítanos el libre acceso a esa información pública que necesitamos para "mediar" eficientemente entre el poder y la sociedad. Verá que a todos nos irá mejor. Por lo pronto y como dice el ex-bucles: no te calientes, planchita. (Una última duda: ¿dónde consiguió Marín ese saco?).

Noviembre 5, 2001

Los amenazados

En principio, no me es difícil aceptar que nada de lo que nos ocurre como individuos deba tener alguna relevancia, salvo para cada individuo. Resulta, sin embargo, que entiendo que no hay nada más raro y excepcional que el evento individual; lo común es que la enorme mayoría de las cosas que nos ocurren como individuos, de algún modo subterráneo (o subanímico) nos ocurran también como especie. Somos únicos, pero no tanto. Valgámonos de un ejemplo que nos queda muy a la mano: el presidente Fox amaneció el sábado pasado muy molesto con los medios. Esto trajo como consecuencia que algunos (bastantes) de los que trabajamos en los medios amaneciéramos el domingo muy molestos con el presidente Fox. Él tronó, nosotros tronamos y todo este tronadero tuvo consecuencias. Fox, así quiero creerlo, sabe que se extralimitó y que le faltaron finura, sagacidad, serenidad y repertorio mental y verbal. Creo que yo tampoco, ni muchos de mis colegas, estuvimos maravillosos. Si él habló de calumnias y de la sarta de babosadas y no hizo mayores precisiones o matices, yo (que soy el caso que tengo más a mi alcance) empleé adjetivos como "cursi" o "cobarde" y es muy posible que tampoco haya explicado bien que me refería específicamente a un concierto en Chapultepec y a esa irritante actitud de Fox de querer contemporizar con el narcopriísmo más siniestro y dedicarse a sobarle el lomo cuando éste lo único que quiere es deshacerse de Fox (o emascular a ese aguerrido y bravísimo candidato también apellidado Fox) y volver a secuestrarnos. Si tomo en cuenta esta falta de precisión y el mayestático respeto que sigue despertando la figura presidencial, entiendo la airada reacción de muchos lectores. A ellos les pido perdón y les ofrezco que trataré de ser más preciso la próxima vez que me venga el arrebato biliar.

Después vinieron las amenazas y su consecuente malestar. Me parece que no hay que sobredimensionar las cosas. Desde la caída de Tenochtitlan (los tlaxcaltecas opinan que desde antes) esta nación vive amenazada. Un niño lacandón está gravemente amenazado por una muerte cercana. Las mujeres de

Ciudad Juárez tienen tiempo de no conocer el sosiego. ¿Cuántos tarahumaras y cuántos niños de la calle no morirán de frío este invierno? Mientras tú lees esto, lectora lector querido, un mexicano intenta cruzar a nado el río Bravo y morirá en cualquier momento. Hay una mujer que tiene un marido bestial que está a punto de matarla. En Polanco hay un joven que será secuestrado esta mañana y que muy probablemente muera. Hay muchos enfermos que no serán atendidos a tiempo cuyo futuro es mucho más delgado que el mío. Alguien está a punto de ser asesinado en Guerrero. Una turista morirá en Oaxaca. Lo que me ocurre a mí le ocurre a todas nuestras etnias. Por siglos, hemos vivido bajo amenaza. Si para algo existimos Vicente Fox y la gente de los medios es para luchar a muerte por la vida. Dicho más brevemente y a quien corresponda: no mamenaces.

Noviembre 8, 2001

LOS HERALDOS NEGROS

Me gustaría saber qué sintieron ustedes al ver a esa turbamulta que, a pie, a caballo y en camión avanzó el pasado miércoles sobre la capital blandiendo machetes, palos y piedras. Era como el daguerrotipo actualizado de la revolución, o una acuarela cibernética de Hidalgo en el Cerro de las Cruces. Era dramático, era real y era estremecedor. Era un atisbo ominoso y lamentable de guerra civil. Sin poner en duda la legitimidad de la demanda de los campesinos texcocanos, es imposible dejar de pensar que, durante 70 años, hombres y mujeres del campo fueron despojados, agredidos, robados y utilizados por un poder que siempre hablaba a nombre del progreso, del desarrollo y de las nobles causas de la revolución. Todo esto pasaba y los machetes no aparecían o, por lo menos, no los veíamos echar chispas contra el suelo de la capital. ¿Qué está ocurriendo ahora? Perdido el control corporativista del estado, ¿la ira acumulada comienza a desbordarse? Ésta es una hipótesis, pero puede haber otra todavía más alarmante: ¿no será que el sector más sórdido del antiguo sistema mantiene su control sobre ciertos grupos y los lanza, so capa de "legítimas reivindicaciones" sobre el nuevo gobierno que con enorme ingenuidad decretó la extinción de los dinosaurios? Si escuchamos a los ciudadanos comunes, esta segunda hipótesis parece fortalecerse, pues muchos de ellos que, en su momento votaron por el PAN o por el PRD, comienzan a murmurar por lo bajo que estas cosas no pasaban cuando estaba el PRI. Creo que ése es exactamente el efecto que quieren obtener. Que conste que sólo estoy haciendo un ejercicio de política ficción. Aquí lo único incuestionablemente real es que, con su tenebroso recado, se pasean por México los heraldos negros.

Es la violencia cada vez más fuera de control. Es una amiga mía que fue asaltada anoche y que todavía hoy temblaba y sollozaba diciendo: lo peor es que tengo que dar las gracias de que, por lo menos, no me mataron. Es lo que tú y yo oímos y vemos a diario. Son dos jueces ejecutados. Es el Estado que está pensando en la posibilidad de enmascarar a los jueces, en lugar de desenmascarar a los viejos funcionarios que encabezan estos sindicatos del poder. Es un mesero que ahorró durante años para conseguir un coche que le fue robado tres horas después de haberlo recibido. Es la amenaza constante. Son las mujeres de Chihuahua. Es la autoridad que quiere ocultar esto culpando a los medios, o haciendo declaraciones como la de Godoy: los niveles de delincuencia se han abatido, pero los ciudadanos no lo han percibido (los criminales tampoco). Es Digna Ochoa, pero también son los cientos de víctimas menos conspicuas que padecen diariamente. Si, como aventuro, todos estos son recados del resurrecto dinonarcopoder, lo más patético sería que Fox y López Obrador y todos aquellos que recibieron la encomienda del cambio, no tuvieran la astucia, la valentía, la energía para aplacar y castigar a estos heraldos negros. El hecho de que el PRI nos tuviera optudimóder, no cancela la posibilidad de que pronto ustedes nos provoquen la misma sensación.

Noviembre 15, 2001

Oiga, joven

Me asomo a las cartas que recibe mi periódico; leo cotidianamente los correos que llegan a mi computadora, o a mi apartado postal, o directamente a mi oficina. Al final de esta pesquisa me encuentro con que hay un número considerable de mensajes en defensa de Vicente Fox y de Martha Sahagún. Hay mensajes iracundos y hay otros que razonan ponderadamente; los hay breves o extensos, pero todos ellos, en el fondo, parecen decir una sola cosa: no nos quiten la esperanza. Lo fácil, lo elemental, lo dogmático sería no tomar en cuenta estas notificaciones y dar por supuesto que la gente no sabe lo que los periodistas y los comentaristas sabemos. Si el lector critica mi crítica, lo más sencillo es descalificarlo e intentar sepultarlo con adjetivos como ignorante, reaccionario, desinformado, o perverso. Si procedemos así, creo que estamos reviviendo en nosotros ese autoritarismo que supuestamente queremos combatir. ¿De dónde sacamos ese prejuicio de que nosotros sí sabemos y que la gente, ésa que se la rifa día a día con una realidad cada vez más áspera, que mantiene a México funcionando y que nos hace favor de leernos, ésa no sabe nada? Esta pregunta tiene que complementarse con otra: ¿de dónde saca la gente el prejuicio de que el santísimo señor presidente es intocable y ése otro de que los periodistas tenemos la obligación de ser maestros, guías y faros espirituales que iluminen las tinieblas de la ignorancia popular? Para ambas preguntas la respuesta es la misma: la fuente de éstos y de muchos otros prejuicios está en nuestra historia que parece coagularse en los arquetipos del señor que lo puede todo y los vasallos cuya única obligación es callar y obedecer; de los dueños de la palabra que la reparten en dosis homeopáticas y la astrosa grey confinada al silencio. Así fue con el tlatoani, con el virrey, con don Porfirio y con eso que Krauze llama el presidencialismo imperial. ¿No será tiempo ya de reescribir este libreto y repartir mejor los papeles?

Digamos algo más: la propuesta del candidato Fox resultó efectiva precisamente porque planteaba este cambio de arquetipos. Para derrotar a ese partido que hoy naufraga en Veracruz fue necesario el apoyo abrumador de los jóvenes de este país. Ellos con todo su ímpetu lograron hacer valer el hartazgo de las mayorías y provocaron la posibilidad del cambio. Ellos mismos se muestran hoy desalentados porque no perciben la llegada de ese cambio. A ellos me dirijo hoy para pedirles que no desfallezcan, que entiendan que la tarea es enorme y que va más allá de los errores y aciertos de los muy prejuiciados adultos que gobiernan o que critican al gobierno. A los mayores de 50 las inercias y las tentaciones del pasado nos desorientan frecuentemente; pero nosotros estamos de salida, ustedes vienen llegando y del mismo modo que fueron definitivos para abrir el espacio de la esperanza, hoy no sería justo, ni razonable que lo abandonaran. Oiga, joven: de usted es la firme valentía; no me venga con que ya le ganó el desaliento. Es bien posible que, hasta ahora, ni Fox, ni sus críticos hayamos estado a la altura de las complicadísimas circunstancias actuales; pero, mi querido joven, nuestra apuesta no fue por un individuo llamado Vicente Fox, sino por esa urgencia de cambiar la vida que él y usted representan. Yo le ofrezco proceder con mayor ponderación y cautela, pero usted tiene que comprometerse a persistir alegremente en una tarea que va para largo. En el delgado presente, los que ya somos casi pasado necesitamos pactar con todos aquellos que son todo futuro. Oiga, joven: no deje de asistir.

Noviembre 18, 2001

Abominación del círculo

Los griegos consideraban que el círculo representaba la perfección. El pensamiento occidental creó la noción de "progreso" que implica una concepción lineal y ascendente de la historia. En oriente persiste la teoría del eterno retorno que convierte la marcha del hombre en un reiterado círculo. Otros pensadores consideran que el tiempo histórico es lineal y el tiempo mítico es circular. Vicente Fox ha adoptado la extraña concepción de que la sociedad puede higiénicamente dividirse en dos círculos perfectamente discernibles y aislados: el círculo verde formado por la gente común cuyo tiempo está ocupado por los afanes de cada día, por el trabajo y por la voluntad de vivir mejor y el círculo rojo, formado por esa minoría que puede darse el lujo de adoptar una actitud crítica, exigente, informada y siempre suspicaz frente a la realidad en general y frente al gobierno en particular. Alguna vez escuché a Vicente Fox exponer de viva voz estas nociones y las encontré útiles como herramienta de campaña, pero enormemente simplistas y peligrosas cuando se trata de gobernar un país. Aquella vez no hubo tiempo ni manera de manifestar mis discrepancias. Lo hago ahora.

La idea misma de dos círculos concéntricos presupone que ésta se concibe a partir de que existe un centro que genera esos círculos. En la exótica teoría foxiana ese centro viene a ser precisamente Vicente Fox quien no se ha cansado de denunciar los horrores del presidencialismo. Entiendo que Carlos Salinas se sintiera el centro de todas las cosas que en México son, pero también entiendo por qué acabaron como acabaron Salinas y México después de seis años de esta circular teocracia de petate. Entiendo también que Luis XIV se sintiera tan contento de ser el Rey Sol alrededor del cual supuestamente giraba todo el sistema de vida francés. Dos Luises más tarde, cayó la guillotina y, hasta donde sé, Francia no se apagó, ni se disgregó. Si hoy la noción de "Rey Sol" nos suena ridícula, ¿qué opinaremos de un Presidente Sol? Puede sonar rudo, pero el presidente es un empleado elegido por nosotros y al que pagamos un generoso sueldo para que, durante seis años, atienda y resuelva importantes asuntos comunes y cumpla nuestro mandato. Es eso y no el centro de nuestras vidas y destinos. Ni siquiera tendría que ser el centro de nuestra atención. Si lo es, no me parece un buen síntoma. Un buen presidente tiene que ser como un buen árbitro de futbol: mientras mejor sea su trabajo, menos se notará.

Otro desasosiego circular me invade cuando, sin consultarme, me asignan al círculo rojo y al hacerlo me aíslan de esa verde comunidad de la cual provengo y en la que, hasta donde alcanzo a saber, vivo y trabajo todos los días. Me niego a que me coloquen en un lugar tan incómodo y tan irreal. A diferencia de Fox, yo creo que día a día los verdes y los rojos, para bien de todos, nos mezclamos y nos fusionamos y no lo hacemos con la intención expresa de "irritar" al presidente. Lejos de eso, lo que queremos la mayoría es capotear el brusco temporal que nos ha caído encima y ayudar, con apoyo y con crítica, a que nuestro mandatario se deje de delirios circulares y haga bien su trabajo. Nuestro interés primordial no es que Fox pase a la historia. Más modestamente los verdirrojos mexicanos deseamos seguir siendo parte de la historia. Así concluye esta circular.

Noviembre 19, 2001

Aquel primer encuentro

Fue en la ex hacienda de Tlalpan. Vicente Fox estaba de fiesta porque acababa de recibir su constancia de presidente electo. El lugar, ya se imaginarán, estaba pletórico de fauna de muy diversos pelajes: los que ya tenían hueso, los que habían dicho que no querían pero ya lo habían pensado bien, los que pululan a ver qué agarran y los que simplemente estábamos muy contentos por haber echado al PRI. Durante los escasos 30 minutos que ahí estuve, me encontré con Fox, que me dijo palabras similares a éstas: Germán, me tienes que ayudar; las expectativas son demasiado altas y ni yo ni nadie podrá cumplirlas; ayúdame a ponerlas más en proporción. Creo que yo he hecho mi parte. Con lo que no contábamos era con que los talibanes, Bush y, sobre todo, el propio Fox también iban a trabajar para casi desaparecer esas expectativas.

Mi teoría es la siguiente: durante seis años, el número de errores que un ser humano puede cometer es amplio, pero limitado. Creo que Fox, en este primer año, se apuró a agotarlo. Si esto es así, nos esperan cinco años de aciertos luminosísimos de parte del presidente y de parte de la sociedad. Que así sea.

Diciembre 2, 2001

¿Malestar general?

El locutor podía ser Santibáñez, o De Lille, o Tamayo. Cualquiera de los tres engolaba la voz de manera que sonara entre científica y paternal y, una vez logrado esto, acercaba la boca al microfonote con un copete que decía XEW y hacía esa pregunta que para mí era abismal: ¿malestaaar generaaal? Venía luego una pausa dramática (que yo no he logrado abandonar) seguida de una enumeración que a mí me sonaba trivial: ojos llorosos, cuerpo cortado, indigestión ácida... y el párrafo remataba con la enjundiosa enunciación del nombre y las virtudes de algún producto maravilloso que ya había pasado por las pruebas más rigurosas de los científicos alemanes y cuya ingestión (la del producto; no se trataba de comerse a los científicos alemanes) producía "alivio rápido y efectivo".

Desde entonces y hasta hace unos días, nunca entendí bien a bien en qué podía consistir un "malestar general". Muy silvestremente yo suponía que para alcanzar esa plenitud de la patología, a uno tenía que dolerle todo el cuerpo y toda el alma, todo lo de afuera y todo lo de adentro, todas las uñas y todos los pensamientos. Ésta era mi terrorífica y teórica versión del malestar general.

El sábado 12 de enero regresé a México y, sin estar mayormente preparado para ello, conocí el malestar general en sus dos acepciones: el ciudadano que habita mis zapatos se siente mal de las uñas y del pensamiento porque no entiende ni acepta la sarta de imbecilidades que tramaron los legisladores con la bendición y la incorrección de estilo de la Secretaría de hacienda. Este es mi personal malestar; pero resulta que salgo a la calle, voy a lugares, oigo a la gente, recibo correos, leo periódicos, veo rostros y descubro que el malestar también es general en su acepción social. Todos estamos con el alma en los pies, la inseguridad, la corrupción, la impunidad, la ausencia de futuro y la mugre siguen siendo realidades cotidianas, todos nos sentimos vejados, el sueño del 2 de julio comienza a resquebrajarse como pintura mal aplicada y todos, de modo lúcido o confuso, nos preguntamos: ¿permitiremos una vez más que nos impongan su catálogo de estupideces e ineptitudes, o tendremos modo y voluntad de rebelión? De ninguna manera estoy hablando de tomar las armas. Al menos yo no sabría qué hacer, ya no digamos con una metralleta, con una resortera. Estoy hablando de algo que tiene que ver con Gandhi y que se llama resistencia civil. Nuestro problema no es pagar o no pagar impuestos. Nuestro verdadero problema es averiguar si tenemos el suficiente estómago y capacidad de sumisión como para cumplir dócilmente las idiotas leyes malparidas en mala hora por un grupo de idiotas facciosos pagados por nosotros.

En el siglo antepasado, Herman Melville imaginó a un insignificante tenedor de libros llamado Bartleby que también experimentó malestar general. En lugar de tomar algún producto maravilloso, prefirió cambiar su actitud frente a sus "superiores" y contestar con una sencillísima fórmula a cada mandamiento que ellos le hacían: preferiría no hacerlo. Con esto bastó para demolerlos. Señor Francisco Gil, señores legisladores: preferiríamos no hacerlo.

Enero 17, 2002

Perdonen las molestias

En alguna de sus desmañadas comparecencias mediáticas, Andrés Manuel López Obrador (AMLO) fue interrogado acerca del guajiro proyecto de ponerle un segundo piso al periférico y acerca del malestar, la confusión y la chacota surgidas ante el anuncio de que se realizaría una "consulta telefónica" para que "el pueblo" manifestara su acuerdo o desacuerdo con esta obra inspirada a partes iguales en Julio Verne y en García Márquez. Instalado en el podio (trepado en su mula), AMLO escuchó estos comentarios, entrecerró los ojitos de por sí pipizcos y respondió no sin sorna: pues si están molestos, sólo les puedo decir que dispensen las molestias que esta consulta les ocasiona. Silencio, sonrisas y a otra cosa.

Como yo soy uno de los que están molestos, me gustaría volver sobre el tema. Lo hago en mi calidad de ciudadano, en mi condición de víctima del periférico y apoyado en la experiencia de ser sobreviviente de estas consultas de López Obrador que, una vez tras otra, se presentan como la plenitud de la vida democrática. Tiempo y esfuerzo me costó comprobar que esto no es necesariamente cierto. En el 2000, varios ciudadanos fuimos convocados para testificar y operar una "consulta ciudadana" que le daría o le negaría respaldo a AMLO para participar como candidato del PRD en las elecciones para el gobierno del DF. Todo un domingo trabajamos y, al final de la jornada, comprobamos que todo había sido una pachanga, que la participación había sido mínima y que las cosas no se hicieron con la debida seriedad. No obstante todo esto, el lunes nos despertamos con la novedad de que "la ciudadanía apoyaba la candidatura de AMLO". Desde entonces me producen cierto escozor estos "ejercicios democráticos" de Andrés Manuel.

No hace mucho, López Obrador volvió a las andadas y realizó una consulta telefónica acerca de la conveniencia o inconveniencia de aumentar las tarifas del Metro. De nuevo el número de votantes resultó escaso y poco representativo, pero el aumento se dio y nos lo presentaron como un democrático acto de obediencia a la voluntad popular.

Ahora, después de una horrenda y confusa campaña de medios, nos han pedido a los capitalinos que decidamos si queremos por arriba o por abajo. Nadie nos ha explicado con claridad cuánto costaría en dinero, en molestias y en tiempo el audaz proyecto; nadie nos ha dicho qué otras opciones hay; nadie nos ha demostrado que ésa es la mejor manera de emplear los magros recursos del gobierno capitalino. Lo único que quieren es que les diga si estoy de acuerdo o no con ponerle un segundo piso al periférico. Es como si me preguntaran: ¿comprarías un tripolín ajedrezado? y yo respondiera: ¿qué es un tripolín ajedrezado? y el diálogo terminara: tú no preguntes, ¿quieres o no un tripolín ajedrezado? Pues no, no quiero. Es más, ni siquiera deseo responder a la pregunta y es por esto, amigas y amigos, que no participé en el telefónico "ejercicio democrático" y es por esto que estoy encabritado y no disculpo las molestias (señor AMLO: ¿podría ponerse un segundo piso en el cerebro?).

Enero 20, 2002

El caos y el cosmos

Clasemediero. Epíteto tramposo e irracional, pero demoledor. Si piensas, si opinas, si te conmueves, si te ríes, si te sublevas de un modo no autorizado por la asamblea de notables, es porque eres un vil y vulgar clasemediero. A veces, si haces muchos méritos y rindes las debidas pleitesías, la asamblea puede otorgarte el grado de "clase media ilustrada" que no te salva de la vulgaridad, pero te pone en trance de redención. Lo peor de todo esto es que, en la mayoría de los casos, la fulminación surte efecto y el clasemediero indiciado como tal reconoce su inmensa culpa, baja la cabeza y se reintegra al silencio que es su estado natural. Por lo visto, nadie se ha dado cuenta con la suficiente lucidez de que este país ha sobrevivido por sus clases medias, que son éstas las que tienen mayor y mejor conciencia ciudadana y que un porcentaje altísimo de los mexicanos destacados (incluyendo a los miembros de la asamblea de notables) provienen de la clase media. Yo no provengo de ahí; yo soy de la clase media y por nada de este mundo renunciaría a militar en sus aguerridas filas.

Viene todo esto a cuento, porque ahora nos salen con que el malestar frente a la reforma fiscal y frente a la igualmente ininteligible alza de las tarifas eléctricas es resultado de nuestra incurable condición clasemediera. En efecto, así es ¿y qué? Me parece totalmente ilegítimo y doloso que nos refrenden en el cargo de los únicos que realmente pagan impuestos (y, por lo tanto, tenemos que pagar más) y los únicos que pagamos con puntualidad la energía que consumimos (por lo tanto, hay que cobrarles más). Fíjense que ya estuvo suave. ¿No han pensado en una medida tan poco populista como ampliar la base impositiva, chisparles el diablito a los que roban la energía y meter orden y racionalidad en los sindicatos?; ¿no será México una casa que mantiene a muchos vividores y holgazanes?

Pasando a otra cosa, pero sin salir de la anterior, quiero expresar el gusto que sentí al oír al presidente Vicente Fox en su discurso del 5 de febrero. El gusto fue doble porque veníamos de un largo mes habitado por el puro caos verbal. Entre los legisladores que querían que les agradeciéramos la reforma fiscal y el inspirado trío formado por Groucho Gil, Harpo Martens y Chico Budebo, nuestras neuronas y nuestro idioma podrían haber sido declaradas zonas de desastre. Los daños fueron inmensos y entre gobernados y gobernantes se creó una enorme distancia. A este herradero sintáctico y léxico hay que añadirle los raptos tropicales de AMLO y la caprichosa condición de las nuevas placas para el autotransporte y sólo así podremos entender ese cansancio sin orillas con el que llegamos a febrero.

Con tales antecedentes, viene Fox a la palestra el día de la Constitución y habla con sorprendente claridad y valentía (yo que lo he estado tildando de sacatón tuve que rectificar mis juicios quizá lapidarios) y anuncia que la transición que todos queremos no puede pasar por la impunidad, ni por la complicidad. Totalmente de acuerdo. Ahora de lo que se trata es de que estas palabras cristalicen en actos y de que este atisbo de cosmos se afiance, pues de otro modo volverá a generar el caos. Los partidos están en el absurdo trance de la autofagia. Es el pueblo, son las clases medias las que tienen hambre y sed de justicia. Ya es hora de que nos amanezca.

Febrero 6, 2002

Diputados perros

Según leo en las noticias, Alejandro González Iñárritu, joven y talentoso cineasta y muy querido amigo mío, ha aceptado la misión imposible de mejorar la imagen de los diputados (empeorarla sería tarea todavía más ardua). Según esto, lo que pretenden los nobles tribunos, dicen ellos entre sollozo y sollozo, es revertir la campaña de desprestigio orquestada en su contra a raíz de la aprobación de ese rollo del mar muerto llamado reforma fiscal. Mi alegato no es en contra de González Iñárritu que, además de cineasta (oficio particularmente improductivo en México), es publicista y, aunque podría ser más selectivo con su clientela, está en la disposición de aceptar las tareas que le encomienden y llevarlas a buen término. Mi malestar es con los padrecitos de la patria que suponen que con invertir siete millones de pesos (o los que hagan falta) en una "campaña de medios", conseguirán convertir a la chirriante diputada Miroslava en Spice Girl y a la bancada panista en el Club de la Abstinencia Etílica (del sector priísta no hablo, porque la transformación de su imagen no está al alcance del Negro González Iñárritu, sino que es un milagro que hay que pedirle directamente a Juan Diego). No creo que las cosas vayan a resultar tan fáciles.

De entrada, hay un error de apreciación: la imagen de los diputados no se ha deteriorado a partir de la descontonera aprobación del paquete fiscal (con el posterior premio de un viaje todo pagado a Cuba para aplaudir de pie a Fidel Castro). Decir o pensar esto es suponer que antes de la madrugada aciaga, los legisladores eran seres idolatrables que ocupaban el más privilegiado nicho en nuestra admiración. Nada más falso. Desde hace muchas décadas tenemos la peor de las impresiones con respecto a ellos. En las épocas de oro del priímo los execrábamos porque sólo le servían de tapete de Temoaya al presidente en turno. En los actuales tiempos, abominamos a los legisladores por su falta de madurez política, por su estrechez partidista, por no informar jamás a sus representados, por su tontería pertinaz, por su perpetua pose de centinelas de la nación y guardianes de la bahía y por su lastimosa ausencia de patriotismo. ¿En verdad creen que éstos son "problemas de imagen"?, ¿de veras creen que estos males se remedian gastando siete millones de nuestros pesos?

Yo le pediría a mi amigo Alejandro que lo pensara dos veces, antes de aceptar esta tarea de convencernos de que la carne de ratón es un exquisito manjar. Si mi fraternal consejo llega tarde, le deseo toda la suerte del mundo y le paso al costo lo que me dijo otro publicista que alguna vez estuvo metido en estas tareas de propaganda política. ¿Por qué a tal candidato le haces una publicidad tan corriente?, le pregunté. Muy sencillo, manito: a un producto corriente le tienes que hacer una promoción tan o más corriente. Eso me respondió. Quizá estas palabras sean aplicables para estos diputados que tienen mala imagen por la elemental razón de que, en su inmensa mayoría, son malos diputados.

Ya podrían ahorrarse los siete millones y dedicarse a trabajar a fondo y bien con sus representados. En el peor de los casos, nos ahorraríamos una lana y no es descartable la hipótesis de que un diputado chambeador, honrado, patriota y atento a lo que la gente quiere, logre el milagroso efecto de tener buena imagen.

Febrero 19, 2002

Con la pena

Ahora resulta que no es mi cuate González Iñárritu el que se echó a cuestas la hercúlea tarea de restaurar (o inventar) la "imagen" de los diputados. El nombre del mártir es Carlos García Agraz y el precio de su hazaña no llega a los tres millones. Corrijo y aclaro no por temor a una improbable acción legal, sino porque es una cuestión de decencia, de respeto y de amistad.

Sin embargo, algo sobrevive de este naufragio: la campaña de restauración existe, los promocionales ya están realizados y tú y yo seguimos sin saber quién es y para qué sirve nuestro diputado. Reitero: no hay peor imagen que la del que no se ve.

Febrero 20, 2002

Me escribió un perro

Se llama "Rufo" y es michoacano. Para ser can, escribe muy bien. Está muy ofendido con mi artículo "Diputados Perros" porque dice que su especie no merece tal infamia. Mil perdones.

Ahora tengo que hacer otra rectificación. Ya me parezco a W. Fernández Flores que, al final de uno de sus libros, colocó una página cuyo encabezado decía: "Fe de errotas" y colocaba al principio de la lista esta advertencia: "donde dice fe de errotas debe decir fe de erritas" y así se seguía. Yo acabo de escribir que Alejandro González Iñárritu no era el encargado de la campaña de restauración de imagen de los diputados, sino que el proyecto estuvo en manos de Carlos García Agraz. Pues no es cierto. El que hizo los promocionales fue su hermano José Luis García Agraz. Espero que aquí muera el asunto porque tengo un fin de semana aterrador. Además, hoy toca.

Febrero 21, 2002

Plumeros en exhibición

"Enseñaste el plumero" solía (¿suele?) decir el pueblo cuando alguien física o moralmente muestra alguna parcela de su intimidad. La expresión está emparentada con la otra que dice "enseñar el cobre", pero ésta va más allá del cobre y se refiere a un vislumbre de aquello que el natural pudor suele (¿solía?) cubrir.

A lo que voy es a esto: con su tartajosa conferencia de prensa y con la discutible divulgación de una charla telefónica privada, Fidel Castro logró el sorprendente efecto de que todos quedaran mal; de que todos enseñaran el plumero. Quedó en entredicho Jorge Castañeda que, una vez tras otra, negó que México hubiera ejercido la menor presión (aquí soltaba una ristra de sinónimos) sobre Castro para que no asistiera a la Cumbre, o para que lo hiciera de tal modo que no generara malestar entre las huestes de Bush. Aquí todavía hay una zona oscura: ¿México actuó así porque recibió indicaciones precisas de la gente de Bush, o lo hizo, en un arrebato de "tradicional hospitalidad mexicana", imaginando que Estados Unidos "podría molestarse"? Pero volviendo a Castañeda y a nuestro obsesivo tema del derecho a la información: el canciller, dado el sigilo de sus tareas, podría haberse callado, pero habló y mintió (no nos vayan a salir ahora con que fue una "mentira patriótica").

Por boca de su canciller y por la propia, Vicente Fox también mintió y, la verdad, resulta de pena ajena comprobar que nuestro presidente procede con tal ingenuidad (hasta le ofreció cabrito al grandísimo mandatario) y se da el costoso lujo de suponer que con Fidel Castro se pueden hacer arreglos amistosos y pactos de caballeros. Vaya aquí un homenaje a mi Dinosuegro que cuando hablaba por teléfono se expresaba así: ya hablé con mujujú y me comentó que ya le había planteado a mijijí el asunto de mejejé y que todo va caminando bien, siempre y cuando no intervenga mojojó (¡eso era alta política!).

A mi juicio, el plumero más grande lo enseñó Fidel Castro quien, con una salida de tono como ésta, nos está dando una muestra clara de lo arrinconado que se siente. Sin exonerar a los anteriores, Fidel Castro (a quien le urge un tratamiento con Dermo-Prada para esas molestas verruguitas) atropelló toda ética política, puso en guardia a cualquier posible interlocutor (yo ya no pienso telefonearle) y, por más que al final de su mensaje nos quiso dar nuestros guayabazos, desconoció una prolongada (demasiado prolongada) historia de solidaridad del pueblo mexicano con la revolución cubana. Insisto: nadie se salva, pero Fidel se puso a la altura de Al Capone. Digamos también que todo es un poco infantil y ridículo: el organismo anfitrión era la ONU (¿Kofi Annan no pensará resollar?), a Bush no creo que se le atorara un pretzel por ver a Castro; entonces, ¿cuál era la urgencia de enseñar el nacional plumero?

Abril 23, 2002

¡Ah, que la canción!

No hay nada más difícil que vivir sin PRI. Fuentes poco confiables me dicen que esta es la canción que interpreta Vicente Fox durante su matutino regaderazo. No es imposible que sea cierto. La sociedad se encuentra profundamente desconcertada. Cuando era candidato, Fox no se cansaba de avisarnos que se proponía sacar al PRI de Los Pinos a patadas. Dirán que soy muy cerril, pero a mí la promesa me emocionaba mucho. Quizá con la excepción del PAN y del propio Chente, todos recordamos que Fox ganó. Ahí comenzó a palidecer el fuego. Ni una patadita recibieron los priístas que, de inmediato, comenzaron su plañidera y eficaz campaña para solicitar que no se desatara una cacería de brujas (nuestra bronca no es con las brujas sino con los narco-rateros) y para reagrupar a sus desconcertadas huestes con el único y exclusivo fin de recuperar ese poder que, según ellos, les pertenece por derecho divino. Y así el lobo se transformó en oveja (cimarrona) y el PRI comenzó a defender las justas causas de México (un país que ellos saquearon y postraron) y de los pobres (que ellos fabricaron) y se pronunciaron en contra del capitalismo salvaje (que ellos patrocinaron y con el que se asociaron). Y pronto comenzamos a ver prodigios: Bartlett hablando de pulcritud electoral (¿se imaginan?) y denunciando a un gobierno autista (¿se imaginaaan?), Rodríguez Alcaine jugándose la sedosa cabellera por puritito amor a los trabajadores (esto ya no se puede imaginar) y a Madrazo hablando de decencia y de amor a México (esto es ya la monda de la mística patata). Como diría mi tío el misógino: la iglesia en manos del útero. Acepto y hasta entiendo que por ahí, en algún apartado rincón de nuestra geografía repte algún compatriota sin saldo neuronal que compre todas estas piñas rancias. Lo que no entiendo es que Fox le conceda un adarme de confianza a esta pandilla de marrulleros que disfrutan tan grande e impunemente cada uno de los desaciertos y de las pifias del presidente. Entiendo que todavía el PRI conserva enormes espacios de poder, que tiene aliados vergonzantes por todas partes y que, a querer o no, hay que gobernar con ellos; pero de reconocer esto, a invitar a Roberto Madrazo a Los Pinos (¿tendrá Fox alguna idea, aunque sea remota, de lo que significó para muchísimos de nosotros la negramente simbólica presencia de Roberto Madrazo en Los Pinos?) y sobarle el tabasqueño lomo e invitarlo a compartir el gobierno del cambio, hay una peligrosa distancia que en nada ayuda al proyecto foxista y mucho hace por la ominosa resurrección de las momias tricolores. ¿Y todo para qué?, para que ese Madrazo que era todo sonrisas en Los Pinos, fuera con sus cómplices y le mentara la madre a Fox.

Hoy martes 28 (día de San Germán), F. Reyes Heroles escribe sabiamente que nuestro país no saldrá rumbo al futuro mientras sus dos partidos más importantes se dediquen a jugar a las vencidas. Estoy de acuerdo, pero considero que tampoco iremos muy adelante si Fox se dedica a consecuentar, a apapachar y a fabricarle tapetes de flores a ese partido que, en su última fase (hasta ahora), nos despojó tan minuciosamente de todo. Acepto que está bien que no le den una patada, pero tampoco es cuestión de canonizarlo. No hay nada más difícil que vivir sin PRI.

Mayo 28, 2002

Variaciones

La originalidad, creo, es un objetivo bastante banal que, además, suele ser producto del azar, o de la ignorancia (hay quien cree ser original porque jamás ha leído o visto nada). Como yo he sido asignado al Jardín de la Tercera Edad, prefiero señalar lo ya existente, en lugar de abandonarme a la ilusión de que estoy inventando algo. Todo está ya inventado. Nosotros a lo que aspiramos es a jugar a las variaciones. Por lo menos, ése es mi caso.

Voy. El sábado pasado, mi muy admirado y bullanguero amigo Rafael Ruiz Harrell publicó en *Reforma* un artículo titulado "¿Y los ciudadanos?" que, como el chocolate Turín, es rico de principio a fin. Me gustó muchísimo. Comparto con Rafael la triste convicción de que a los mexicanos en ninguna parte nos enseñan a ser ciudadanos. No lo hacen en la escuela, no lo hacen en la casa, la televisión y los medios no cooperan mayormente y así, cuando llega el momento de apelar a nuestra conciencia de ciudadanos, ni siquiera sabemos lo que es eso, o suponemos, en el mejor de los casos, que se trata de participar en las elecciones y/o en las encuestas de López Dóriga. Si no leí mal, Ruiz Harrell nos avisa que ejercer la ciudadanía es una módica y cotidiana forma del amor. Aquí exactamente fue donde me ganó el encanto y decidí jugar a las variaciones. Tienes razón, Rafael, el ejercicio de la ciudadanía es una exquisita variedad del amor que, para poder ser, requiere de la compasión, de la fraternidad, de la alegría desbordada y de la mejor inteligencia. Ser ciudadano es ser útil y leve. Piénsenlo un poco y verán que no tenemos derecho a cargarle la vida a nadie; ni a nuestros seres cercanos, ni a nuestros conciudadanos, ni al departamento de limpia, ni al Semefo (por andar celebrando triunfos apurados sobre equipos rascuachones), ni a los árboles, ni a los cielos y las escasas aguas. Ser ciudadano, lejos de ser un pesar, nos quita lo pesadito que podemos ser. Pesa y lastima el irresponsable, el primario egoísmo. No en balde los griegos nombraban a estos seres que se negaban al ejercicio de la ciudadanía con la palabra "idiotas". La palabra es impecable. Es una perfecta idiotez no hacerse parte de las carencias, las penas, las necesidades, los entusiasmos y los gozos de nuestra comunidad. Entiendo que a veces es difícil. Cuando veo a mis conciudadanos en peregrinación para visitar al Santo Niño del Futbol, o para solicitarle a la Guadalupana que fulmine a los italianos, como que me cuesta trabajo seguirles el paso, pero el buen humor lo resuelve todo. Dicho todo esto vuelvo a mi obsesión central: si no somos mejores ciudadanos, no tendremos mejores gobiernos. Lectora lector querido: hazte el favor de enamorarte de tu gente (y a ti, Rafael, muchas gracias).

Junio 11, 2002

No hay buen viento

Así dicen (o así solían decir) los pescadores de Campeche: no hay buen viento para el que no sabe a dónde va. Me temo que este dicho es aplicable a la actual nave de nuestra República y a su timonel: ¿a dónde vamos? Pronto hará dos años que en las urnas decidimos hacia dónde ya no queríamos ir; pero esto no trajo como consecuencia inmediata y milagrosa que en nuestro horizonte apareciera un rumbo nítido y asequible. De hecho, todavía no aparece. Demasiado tiempo se ha desperdiciado en gritos y sombrerazos, en fallidos intentos de "concertación", en zancadillas, reproches y descalificaciones mutuas. Y la cuenta sigue: ahora estamos en plena averiguación de cómo y cuánto dinero ilegal pudieron haber usado Labastida y el propio Fox en sus respectivas campañas. Un asunto bastante maloliente. Por ahí, alguien me dice que el hipotético dinero extranjero que podría haber usado Fox no le provocó daño ni merma al país y que, en cambio, el dinero que solía emplear el PRI provenía de sus cajas chicas: Pemex, Lotería nacional, Seguro social y Sedesol y que éste sí constituía un robo al país. Puede ser cierto, pero en ambos casos subsiste una falta de ética. Y ojalá éste fuera el único problema, pero es, por así decirlo, la cereza en el helado y éste viene "copeteado". Enumerar la cantidad de broncas acumuladas y sin visos de solución ya está al alcance del *Washington Post* y a mí me da mucha flojera volver sobre tal asunto. Señalar que el gabinete es una mezcla de *La escuelita* y de *Aventuras en pañales* ya también es un lugar común de comentaristas y caricaturistas. Hablar de las tragicómicas "rectificaciones" de los funcionarios (cuando dije pornografía, todos lo tomaron literalmente y pensaron que yo estaba diciendo pornografía y cuando dije argentinización, sacaron la expresión de contexto y pensaron que yo me refería a Argentina) ya se ha vuelto igualmente un recurso fácil. Lo cierto es que vamos, o así lo percibimos, en la nave de los locos y si nuestra navegación es rumbo al futuro, les aviso que acabamos de pasar por el siglo XVI.

No los facciosos, no los aferrados a esos PRIvilegios que no quieren soltar; los ciudadanos estamos de acuerdo en una cosa: urge poner orden. Precisamente hoy martes 25, F. Reyes Heroles escribe acerca del péndulo político y enlista una serie de atolladeros en los que se ha metido el foxismo y con él, nuestro país. Uno de ellos me interesó particularmente. Dice FRH que, envuelto en un torbellino de inconsecuencias y de actos fallidos, Fox no ha hecho muchas cosas que sí podría haber hecho. Es decir, estamos frente a un Ejecutivo que casi no ha ejecutado. Lo fácil sería el reproche lloroso o hiriente. Lo difícil y constructivo sería entender que, en ciertos momentos, aun los que somos oposición tenemos paradójicamente que dejar de oponernos y colaborar con todo entusiasmo y libertad a impedir que se nos hunda el barco que nos transporta a todos, evitar el naufragio, retomar el rumbo, ayudarle al presidente a dar ese viraje tan necesario a todas luces. Ya con el barco encaminado, recuperaremos nuestro derecho a disentir y pedir cuentas. Si el barco se hunde se ahogan el poder y la oposición. Busquemos el rumbo, esperemos el golpe de viento y naveguemos. Lo demás son catastrofismos.

Junio 25, 2002

ÍNDICE ONOMÁSTICO

Abascal, Carlos 137, 164-5
Aburto, Mario 48
Aguayo Mancera, Miguel 48
Aguilar Camín, Héctor 78, 150
Aguilar Talamantes, Rafael 11, 21
Aguilar Zinser, Adolfo 97, 125, 139
Aguirre, Xavier 174
Albert, Carlos 78
Albright, Madeleine 149
Alcayaga, Cristina 142
Alcocer, Jorge 103
Alemán, Miguel 14, 35, 72
Alighieri, Dante 67
Álvarez, Luis H. 16, 120, 126, 137, 167, 168
Allende, Ignacio 58
Andrade, Eduardo 147, 149
Annan, Kofi 200
Arellano Félix (los hermanos) 136
Aristegui, Carmen 54-5, 125
Arizmendi, Daniel, (el "Mocha-orejas") 125-136
Aspe Armella, Pedro 44
Aura, Alejandro 52
Ávila Camacho, Manuel 34
Ávila Camacho, Maximino 72, 116
Azaola, Elena 163
Azcárraga Jean, Emilio 36
Aznar, José María 171-5
Balbuena, Bernardo de 146
Balzac, Honorato de 141

Barragán, Salvador 27
Barrio, Francisco 139, 176-7
Bartlett Díaz, Manuel 71, 110-1, 201
Batres Guadarrama, Martí 181
Bejarano, Armando 78
Beltrones, Manlio Fabio 110
Bernal, María 88
Blanco, Herminio 42
Borrego, Genaro 142
Botella, Ana 173
Bravo Mena, Luis Felipe 105
Budebo, Mario Gabriel 196
Buenrostro (los) 78
Bush, George W. 153-5, 191, 199-200
Cadetes del Anáhuac (cantantes) 176
Calderón Hinojosa, Felipe 74, 123
Calderón, Paco 15, 38, 41
Camacho Solís, Manuel 77, 103, 107
Campa Cifrián, Roberto 49-51, 142
Campbell Quiroz, Federico 49
Camus, Albert 67
Carabias, Julia 141
Cárcoba García, Luis Germán 28
Cárdenas, Alejandro 118
Cárdenas, Cuauhtémoc 14, 16, 20, 23, 63, 74-8, 84-6, 105, 110-2, 121, 123, 151
Cárdenas, Lázaro 151

Carpizo, Jorge 18
Carter, James 153
Castañeda, Jorge G. 111, 125, 132, 135, 154, 199-200
Castañón, Paulina 60
Castellanos, Rosario 9, 177
Castillo Peraza, Carlos 16, 40, 68, 74-5, 122
Castillo, Heberto 64, 70-2, 111, 137
Castro, Fidel 197, 199-200
Catón (Armando Fuentes Aguirre) 89, 169
Celaya, Gabriel 115, 147
Cerisola, Pedro 133
Cervantes Aguirre, Enrique 141
Cervantes, Miguel de 164
Claudel, Paul 52
Clinton, William 28, 36, 100, 154
Clouthier, Manuel J. (Maquío) 16, 70, 120
Coleridge, Samuel Taylor 26
Colosio, Luis Donaldo 9, 11, 21, 24, 27, 80, 95, 98, 103
Coppola, Francis Ford 49
Córdoba Montoya, José 63, 68
Cortázar, Julio 115
Cortés, Hernán 153
Creel, Santiago 40, 105, 139, 176, 177
Chapa Bezanilla, Pablo 88
Cher 135
Chomsky, Noam 158
Christlieb Ibarrola, Adolfo 16, 40, 68, 120
De la Cruz, Sor Juana Inés 164
De la Madrid, Miguel 72
De la Vega Domínguez, Jorge 71, 111
De Lille, Pedro 192
Del Mazo, Alfredo 74-5

Del Villar, Samuel 78
Delgado, René 159
Derbez Bautista, Luis Ernesto 133
Diana Laura, Rojas de Colosio 10
Díaz del Castillo, Bernal 45
Díaz Ordaz, Alfredo 35
Díaz Ordaz, Gustavo 14, 35, 72
Díaz, Porfirio 128, 188
Dornbierer, Manú 43
Echeverría, Luis 62, 72
Eliot, T. S. 36
Elizondo, Rodolfo (el "Negro") 156, 167, 168
Elton John 178
Espinosa Villarreal, Óscar 76, 135, 138
Fernández de Cevallos, Diego 13, 16-7, 20
Fernández Flores, Wenceslao 199
Fernández, José Ramón (Joserra) 147
Ferro, Luis 80
Figueroa Alcocer, Rubén 80
Fox, Vicente 62, 86, 90-3, 102-3, 105-6, 110-2, 114, 116, 120, 122-8, 130-9, 142-3, 145-8, 150-1, 154-8, 160-3, 166-9, 171-3, 175, 179-191, 196, 200-2, 204
Franco, Francisco 165
Frenk, Julio 137
Fuentes, Luis Mario 12
Fujiwara, licenciado 19
Gálvez, Xóchitl 137
Gamboa Patrón, Emilio 109-10, 145
Gandhi 29, 193
García Agraz, Carlos 198

García Agraz, José Luis 198
García Cantú, Gastón 40
García Márquez, Gabriel 193
Garza, Ramón Alberto 15
Gil Díaz, Francisco 132-3, 135, 193, 196
Gil, Heráldez, Javier 24
Godoy Rangel, Leonel 187
Gómez Bolaños, Roberto 126
Gómez Morín, Manuel 16, 21, 120
Gómez Villanueva, Augusto 62
González Iñárritu, Alejandro 196-9
González Torres (familia) 121
González Torres, Victoria 146
Gordillo, Elba Esther 19
Granados Chapa, Miguel Ángel 135, 163, 178
Guerrero, Vicente 58
Guilmain, Ofelia 22
Hank González, Carlos 110
Hank Rhon, Jorge 55
Hauser 24
Hegel, G. W. F. 25
Heidegger, Martin 67
Hernández Galicia, Joaquín (la "Quina") 160
Hernández Juárez, Francisco 174
Hernández López, Guadalupe 84
Hidalgo, Miguel 58
Infante, Pedro 91
Jackson, Enrique 147
Jiménez, José Alfredo 116, 137
Joyce, Estanislao 67
Juan Diego 197
Juan Gabriel 109
Juárez, Benito 30-1, 148, 151
Junco, Alejandro 15

Jusidman, Clara 78
Kavafis, Constantino 158
Krauze, Enrique 15, 40, 74, 188
Labastida Ochoa, Francisco 98, 102-5, 109-12, 204
Labastida Ochoa, Jaime 103
Laborín Gómez, Mario 133
Levín Coppel, Óscar 56
Lichtinguer, Víctor 133
Limón Rojas, Miguel 141
Loaeza, Guadalupe 103-4, 169
Locke, John 65
López Dóriga, Joaquín 123, 135, 203
López Mateos, Adolfo 7, 35, 100
López Moctezuma, Carlos 62
López Obrador, Andrés Manuel 132, 156-7, 163, 172, 187, 193-6
López Portillo, José 153, 161, 180
López Velarde, Ramón 73, 172
López, Marga 40
Loyola Vera, Ignacio 155
Lozano Gracia, Antonio 88
Llamas, María Victoria (Mariví) 32, 52, 74, 77
Macedo de la Concha, Rafael 143
Machado, Antonio 148
Madrazo, Jorge 80, 88, 98, 110, 138, 145, 201-2
Maerker, Denisse 125
Mann, Thomas 67
Marcos (subcomandante) 157-9, 161-2, 166-170
Marín, Carlos 183-4
Martens, Ernesto 133, 196
Marx, Carlos 101
McCarthy, John 133
Melville, Herman 193

Méndez, Alfredo 19
Meyer, Lorenzo 15, 103, 183
Meza, Florinda 126
Mijares, Manuel 149
Miles, Jack 66
Miller, Paco 54
Moctezuma, Esteban 41, 103, 110, 142
Moliner, María 69
Monsiváis, Carlos 40
Montaigne, Michel de 151
Monterroso, Augusto 104
Montes García, Miguel 43
Moreno Valle, Javier 125
Moreno, María de los Ángeles 20, 40, 48-9
Moxó y Francolí, Benito María de 113-4
Muñoz Ledo, Porfirio 16, 40, 105
Muñoz Rocha, Manuel 48
Musacchio, Humberto 169
Nandino, Elías 161
Narcia, Amador 155
Navarro, Leticia 133, 135, 160
Nunó, Jaime 149
Núñez, Arturo 127
Obregón, Álvaro 105
Ochoa, Digna 178, 187
Oñate, Santiago 61
Ortiz de Domínguez, Josefa 58
Ortiz de Pinedo, Jorge 136
Ortiz Mena, Antonio 7, 141
Ortiz, Guillermo 45, 46, 52
Ovalle, Ignacio ("Nachito") 62
Ovando, Francisco Javier 24
Partido acción nacional (PAN) 16, 20, 74, 90, 92, 94, 112, 122-3, 171, 187, 201
Partido de la revolución democrática (PRD) 16, 18, 84-5, 93-4, 105, 109, 141, 187, 194
Partido del trabajo (PT) 40
Partido revolucionario institucional (PRI) 11-2, 16-22, 24, 36, 45, 49-50, 55-6, 61, 73-4, 79, 85, 87, 90, 91-94, 97-8, 101, 103-5, 107-111, 115, 122, 135, 138-141, 144, 152, 176, 184, 187, 191, 201-2, 204-5
Partido socialista unificado de México (PSUM) 70
Paz, Octavio 40
Pelangocha, la 136
Pérez Reverte, Arturo 146
Perón, Evita 177-8
Pino Suárez, José María 89
Pípila, el 58
Posadas Ocampo, Juan Jesús 21, 24, 80
Prigione, Girolamo 21-3
Proust, Marcel 53
Puzzo, Mario 49
Queensberry, marqués de 99
Ramírez, Ramón 56
Ramones, Adal 123
Rangel Sostmann, Rafael 137
Reyes Heroles, Federico 33, 40, 77, 79, 169-70, 202, 205
Reyes Heroles, Jesús 141, 184
Reyes, Alfonso 174
Rincón Gallardo, Gilberto 109, 115, 137
Rivera Carrera, Norberto 155, 172
Rocha, Ricardo 79, 125
Rodríguez Alcaine, Leonardo 94, 118, 201
Roque Villanueva, Humberto 49, 50, 54-6, 73
Rousseau, Juan Jacobo 169
Rubén Darío 126

Ruffo, Ernesto 133
Ruiz Cortines, Adolfo 35
Ruiz Harrell, Rafael 202-3
Ruiz Massieu, José Francisco 24-5, 27, 43, 80, 89
Ruiz Massieu, Mario 27, 48
Ruiz, Gabriel 161
Ruiz, Samuel 84
Sabines, Jaime 10, 111, 141
Sáenz, Liébano 12
Sahagún, Martha 130-2, 135, 139, 147, 149, 151, 154, 156, 168, 171-3, 175, 177-8
Salazar Toledano, Jesús 142
Salinas de Gortari, Carlos 9, 14, 39, 43-5, 48, 60, 68, 70-1, 84, 89, 97, 104, 107, 111, 120, 138, 157, 160-1, 180, 190
Salinas de Gortari, Raúl 43, 60-1, 67, 88, 89, 97, 129, 136
Salinas, Carmen 109
Salomón, Carlos 29
Santa Anna 101
Santibáñez, Luis Ignacio, 192
Saramago, José 157-8
Sarmiento, Domingo Faustino 80
Sarmiento, Sergio 33, 41, 78, 103-4, 169-170, 173
Sarukhán Kermez, José 13, 137
Sauri Riancho, Dulce María 109, 145, 147, 175, 177
Savater, Fernando 70
Scherer, Julio 158-9, 161-2
Serra Puche, Jaime 18, 27, 43-4
Serrat, Joan Manuel 128
Shakespeare 62, 122
Silva-Herzog Márquez, Jesús 110
Sojo, Luis 133, 142

Soler, Fernando 22
Solórzano, Javier 54-6, 125, 157
Soto, Cecilia 17, 21,
Tacho (subcomandante) 168
Tamayo, Humberto G. 192
Tamez, Reyes 137
Tavira, Juan Pablo de 133
Téllez, Lilly 117
Todorov, Tzvetan 163-4
Tovar de Teresa Rafael 142
Usabiaga Arroyo, Javier 133
Uzcanga, Polo 80
Velasco, Raúl 46
Velázquez, Fidel 7, 11, 30, 48, 73, 80
Verne, Julio 193
Villaseñor, Blanca 156
Weber, Max 55
Weil, Simone 164
Welles, Orson 45
Wilde, Óscar 86
Wilder Thornton 165
Wolpert, Federico 141
Xocoyotzin, Moctezuma 153
Yourcenar, Marguerite 108
Zabludowsky, Jacobo 43
Zaid, Gabriel 12, 108
Zedillo Ponce de León, Ernesto 10-2, 16-7, 19-23, 27-32, 34, 36-9, 43-5, 48-9, 51, 53, 58, 60-3, 71, 80, 82, 84, 89, 91, 95, 97, 100, 116, 120, 138, 140, 147, 150, 156, 161
Zepeda, Onésimo 172
Zetina, Francisca ("La Paca") 88
Zorrilla, J. M. 161

ÍNDICE

Los prisidentes 7
El conocido 9
Ernesto Dedillo 10
Por mi raza... 12
¿Con quién hablo? 13
Corriendo... 15
Sol redondo y colorado 17
¿Y? 21
Un tigre a las puertas 22
Y tú, ¿cómo quedaste? 23
El peso de la ley 24
¡Por cierto! 26
El mensaje 26
El sacrificio 27
Los Pinos en invierno I 29
Los Pinos en invierno II 31
Los Pinos en invierno III 32
Los Pinos en invierno IV 34
Bueno, y en resumen... 37
¿Dónde está el piloto? 38
Ya apareció el piloto 39
La fundación nosotros 41
El error de diciembre 43
Demasiado tarde 45
Los óscares 47
El respeto 49
Del brazo y por la calle 51
¿Bienestar? 53
Don Roque se sincera 54
Alas de fuego 56
Enchiladas suizas I 59
Enchiladas suizas II 61

Ya dijimos 63
El guardián de mi hermano. 66
¡Panista! 68
Un domingo en la tarde 70
Mi sufragio efectivo 72
Caminando por Beirut 75
Nuestra toma de posesión 76
No le creo. 79
Año del 97 80
¿Y ahora qué? 82
Mi Cuauhtémoc 84
Fobaproezas 86
El caso. 88
El súper Fox 90
Con la comida no se juega 90
El registro de Fox 91
Un nuevo PRI. 94
Mi primer informe 94
Piensa un número 96
¿Harakiri, seppuku, kamikaze o vulgar suicidio? 98
Globalidúdicos 99
Centro izquierda. 100
Las batidas de Labastida 102
La sobrina de Labastida. 103
La marcha 105
Con los ojos abiertos I. 106
Con los ojos abiertos II 108
Con los ojos abiertos III. 109
Con los ojos abiertos IV. 111
Cartas mejicanas. 112
A la inglesa y a la francesa 114
Hoy. 115
¡Hoy! 116
¡¡Hoy!! 118
¡¡¡Hoy!!! 120
¡¡¡¡Hoy!!!! 122
Oiga, don Vicente 123
Los boteros del vodka. 125

Un novedoso juego	126
Vamos subiendo la cuesta	128
Cinderfox	130
El gabinetazo con botas	132
El gabinetiux I	134
El gabinetiux II	136
Mis vecinos	137
Adiós, muchachos	140
El gabinetiux III	142
Novedad de la patria	144
Viernes santo I	146
Viernes santo II	148
Videofox	150
Si me hubieran dicho…	152
Fox trot	153
En lo que llega el polvo	155
Esperando a los bárbaros	158
Los cien días	160
Usted	161
Posición de saber	163
El contexto	164
Regreso a Chiapas	166
Dos carteros en apuros	167
Página editorial	169
Hoy tocó	171
¡Suerte, matador! I	172
¡Suerte, matador! II	174
Saurita la de barrio	175
Nuevita Perón	177
El tiradero	178
De golpe, llegó el frío	180
¡Muchas gracias, señor presidente! I	181
¡Muchas gracias, señor presidente! II	183
Los amenazados	185
Los heraldos negros	186
Oiga, joven	188
Abominación del círculo	189
Aquel primer encuentro	191

¿Malestar general? 192
Perdonen las molestias 193
El caos y el cosmos 195
Diputados perros 196
Con la pena. 198
Me escribió un perro. 199
Plumeros en exhibición. 199
¡Ah, que la canción! 201
Variaciones 202
No hay buen viento 204